高职高专会计专业规划教材

成本会计实务

苗爱红　王晓敏　主　编
刘瑞红　孙淑娟　副主编

清华大学出版社
北　京

内 容 简 介

成本会计是一门理论性、专业性、操作性较强的学科,是财经类专业的核心课程之一。

本书为适应高职高专院校财经类专业教学的需要,针对成本会计课程教学的基本要求和学生的特点编写而成。全书共 11 个项目,内容涵盖高职高专成本会计课程教学要求的各个部分。本书每个项目都有明确的学习目标、技能要求、项目内容、项目小结和练习题,可供学生学完课程之后进行检测。

本书既可以作为高职高专院校财经类专业的教材使用,以及作为相关专业自学考试和企业培训的教材,也可作为从事成本核算工作人员的业务参考书。

图书在版编目(CIP)数据

成本会计实务/苗爱红,王晓敏主编. —北京:清华大学出版社,2019(2021.2重印)
高职高专会计专业规划教材
ISBN 978-7-302-49237-5

Ⅰ. ①成… Ⅱ. ①苗… ②王… Ⅲ. ①成本会计—会计实务—高等职业教育—教材 Ⅳ. ①F234.2

中国版本图书馆 CIP 数据核字(2018)第 242137 号

责任编辑:陈冬梅 杨作梅
装帧设计:王红强
责任校对:周剑云
责任印制:宋 林
出版发行:清华大学出版社
    网 址:http://www.tup.com.cn, http://www.wqbook.com
    地 址:北京清华大学学研大厦 A 座 邮 编:100084
    社 总 机:010-62770175   邮 购:010-62786544
    投稿与读者服务:010-62776969, c-service@tup.tsinghua.edu.cn
    质量反馈:010-62772015, zhiliang@tup.tsinghua.edu.cn
    课件下载:http://www.tup.com.cn, 010-62791865
印 装 者:三河市吉祥印务有限公司
经 销:全国新华书店
开 本:185mm×260mm 印 张:13.5 字 数:327 千字
版 次:2019 年 6 月第 1 版 印 次:2021 年 2 月第 2 次印刷
印 数:1501~2000
定 价:42.00 元

产品编号:069528-02

前言

根据《国务院关于加快发展现代职业教育的决定》(2014 年 5 月)和《教育部关于深化职业教育教学改革全面提高人才培养质量的若干意见》，高职教育要以就业为导向，以工学结合为途径，以能力培养为主线，不断深化教育教学改革，创新人才培养模式；要强化教学、学习、实训相融合的教育教学活动，推行项目教学、案例教学、工作过程导向教学等教学模式。我们以学生为本，根据我院课程改革的内容编写了适合高职院校会计及其相关专业使用的《成本会计实务》教材。该书以高等职业技术人才培养目标为出发点，依据成本会计的岗位技能要求和成本核算的管理要求进行开发和设计。希望通过本书的学习，能够真正做到成本会计课程的"教、学、做"一体化，使学生能真正成为具有良好的职业素养、扎实的专业知识、熟练的实践能力的财经专业高级应用型人才。

本书的主要特点如下。

1. 体系完整，内容全面

本书按照成本核算的内容和成本管理要求，构建了基于成本会计基本工作流程的成本核算知识体系，更加符合初学者对职业认知的规律性。同时将作业成本法纳入教材中，使得内容更加全面。

2. 案例丰富，易于理解

本书内容以项目和任务形式列示，不仅能有效调动学生对本项目内容学习的主动性，而且能使其明确学习目标。同时，为了便于学生理解，每个项目中均有大量成本核算的案例，从而使得教材内容通俗易懂。

3. 大量练习，强化职业技能

本书以掌握成本会计岗位应具备的职业技能为目标，在每个项目后均附有大量的练习题和案例丰富的综合实训题，注重学生动手能力和创新能力的培养。

本书由河南交通职业技术学院苗爱红担任第一主编，编写项目一、项目三和项目四；

王晓敏担任第二主编，编写项目五、项目六、项目七和项目十一；孙淑娟编写项目二、项目八、项目九和项目十。全书由苗爱红负责拟订编写大纲，并组织编写，由王晓敏进行校对，由刘瑞红审核。

本书在编写过程中，参阅和引用了国内外的相关著作和资料，在此，对这些著作和资料的作者表示由衷的感谢和诚挚的敬意。由于编者水平有限，书中难免存在缺陷和不足，恳请各位专家和读者批评指正。

编　者

目录

目 录

项目一
认识成本和成本会计

学习目标

- 了解成本和成本会计的基本概念。
- 了解成本会计的工作组织。
- 理解成本会计的职能。

技能要求

能够准确描述成本会计的职能。

任务一　成本的内涵和作用

一、成本的内涵

成本是商品经济的产物，是商品经济中的一个经济范畴，是商品价值的主要组成部分。成本的内容往往要服从于管理的需要。此外，由于从事经济活动的内容不同，成本的含义也不同。随着社会经济的发展、企业管理要求的提高，成本的概念和内涵都在不断地发展、变化，人们所能感受到的成本范围逐渐地扩大。

不同的经济环境，不同的行业特点，对成本的内涵有不同的理解。但是，成本的经济内容归纳起来有两点是共同的：一是成本的形成是以某种目标为对象的，目标可以是有形的产品或无形的产品，如新技术、新工艺，也可以是某种服务，如教育、卫生系统的服务目标；二是成本是为实现一定的目标而发生的耗费，没有目标的支出则是一种损失，不能叫作成本。

商品的价值由三个方面组成：①产品生产中所耗用的物化劳动的价值 C(即已耗费的生产资料转移价值)；②劳动者为自己劳动所创造的价值 V(即归个人支配的部分，主要是以工资形式支付给劳动者的劳动报酬)；③劳动者剩余劳动所创造的价值 M(即归社会支配的部分，包括税金和利润)。产品价值的前两部分($C+V$)是形成产品成本的基础，是成本包含内容的客观依据。所以，产品成本就其实质来说，是产品价值中的物化劳动的转移价值和劳动者为自己劳动所创造的价值，即($C+V$)。

应该指出的是，以上只是从理论上说明了成本的经济实质。在实际工作中，成本的开支范围是由国家通过有关法规制度界定的，对劳动者为社会创造的某些价值以及不形成产品价值的损失(如废品损失、停工损失等)允许计入产品成本；对于难以按产品归集的某些属于($C+V$)的耗费，为了简化成本核算工作，作为期间费用直接计入当期损益。由此可以看出，实际成本与理论成本是有差异的。但是，无论实际成本的范围是扩大还是缩小，都必须对这种背离加以严格限制，否则成本计算就缺乏理论依据。

产品成本是指企业在生产过程中所发生的材料费用、职工薪酬等直接费用，以及不能直接计入而按照一定标准分配计入的各种间接费用。产品成本包括生产过程中所耗用的各种材料费用(含外购动力)、折旧费用、人工费用(含职工福利)以及生产部门组织管理生产所发生的间接费用等，还包括不形成产品价值的损失性支出，如废品损失、停工损失等。产品成本的范围包括以下各项。

(1) 企业为制造产品而消耗的原材料、辅助材料、外购半成品和燃料的费用。

(2) 企业为制造产品而耗用的动力。

(3) 企业生产单位支付给职工的工资、奖金、津贴、补贴以及提取的各种职工薪酬等。

(4) 企业生产单位为管理和组织生产，企业生产部门发生的水电费、固定资产折旧、无形资产摊销、管理人员职工薪酬、劳动保护费、国家规定的有关环保费用、季节性和修理期间的停工损失等。

二、成本的作用

(一)成本是补偿企业生产耗费的尺度

在商品经济条件下，企业为了再生产过程的顺利进行，它在生产中的耗费，要从企业的销售收入中得到补偿，而成本就是衡量这一补偿份额的尺度。只有这样，企业才能维持资金的周转。如果企业不能按照成本补偿生产耗费，生产资金就会短缺，再生产就不能顺利进行。可见，成本起着衡量生产耗费尺度的作用，对经济发展有着重要的影响。

(二)成本是评价企业工作质量的重要经济指标

成本作为一项综合性的经济指标，能够直接或间接地集中反映企业经营管理的业绩。例如，生产工艺流程的情况、原料消耗节约与浪费情况、劳动生产率的高低、产品质量的好坏等，都可以通过成本直接或间接地反映出来。因此，我们可以通过产品成本指标的对比分析来评价企业工作的质量，总结经验，找出薄弱环节，采取措施，从而降低成本、提高经济效益。

(三)成本是制定方案和决策的重要依据

在市场价格一定的条件下，成本的高低直接影响企业的盈利水平与市场竞争的能力。企业在进行生产经营或投资决策时，多是以效益的高低作为评价决策的标准，而衡量决策方案的经济效益的高低，成本是必须考虑的主要因素。

(四)成本是决定价格的依据

根据价值规律，产品价格决定于产品价值，但是在产品价值无法直接计算的情况下，只能通过产品成本间接地反映产品价值水平，所以成本是决定价格的依据。

任务二　成本会计的概念和职能

一、成本会计的概念

成本会计是根据会计资料和其他有关资料，按照会计的有关原则和方法，对企业生产经营过程中的费用和成本，进行连续、全面、系统、综合的核算和监督的一种管理活动。

成本会计是财务会计与管理会计的混合物，是计算及提供成本信息的会计方法。

财务会计要依据成本会计所提供的有关资料进行资产计价和收益确定，而成本的形成、归集和结转程序也要纳入以复式记账法为基础的财务会计总框架中，因此，成本数据往往被企业外部信息使用者用于对企业管理当局业绩进行评价，并据此做出投资决策。同样，成本会计所提供的成本数据，往往被企业管理当局作为决策的依据或用于对企业内部管理人员进行业绩评价。

二、成本会计的发展

成本会计先后经历了早期成本会计、近代成本会计、现代成本会计和战略成本会计四个阶段。成本会计的方式和理论体系，随着发展阶段的不同而有所不同。

(一)早期成本会计阶段(1880—1920)

随着英国产业革命的完成，机器代替了手工劳动，工厂制代替了手工工场，会计人员为了满足企业管理上的需要，起初是在会计账簿之外，用统计的方法来计算成本。此时，成本会计出现了萌芽。从成本会计的方式来看，在早期成本会计阶段，主要是采用分批法或分步法成本会计制度；从成本会计的目的来看，计算产品成本以确定存货成本及销售成本。所以，初创阶段的成本会计也称为记录型成本会计。

(二)近代成本会计阶段(1921—1945)

19 世纪末 20 世纪初在制造业中发展起来的以泰勒为代表的科学管理，对成本会计的发展产生了深刻的影响。标准成本法的出现使成本计算方法和成本管理方法发生了巨大的变化，成本会计进入了一个新的发展阶段。近代成本会计主要采用标准成本制度，为生产过程的成本控制提供条件。

(三)现代成本会计阶段(1946—1980)

20 世纪 50 年代起，西方国家的社会经济进入了新的发展时期。随着管理的现代化，运筹学、系统工程和电子计算机等各种科学技术成就在成本会计中得到广泛应用，成本会计发展的重点已由如何对成本进行事中控制、事后计算和分析转移到如何预测、决策和规划成本，形成了新型的以管理为主的现代成本会计。

(四)战略成本会计阶段(1981 以后)

20 世纪 80 年代以来，随着计算机技术的进步、生产方式的改变、产品生命周期的缩短，以及全球性竞争的加剧，大大改变了产品成本结构与市场竞争模式。成本管理的视角由单纯的生产经营过程管理和重股东财富，扩展到与顾客需求及利益直接相关的，包括产品设计和产品使用环节的产品生命周期管理，更加关注产品的顾客可察觉价值；同时要求企业更加注重内部组织管理，尽可能地消除各种增加顾客价值的内耗，以获取市场竞争优势。此时，战略相关性成本管理信息已成为成本管理系统中不可缺少的部分。

三、成本会计的对象

成本会计的对象是指成本会计核算和监督的对象。

工业企业成本会计的对象是工业企业在产品制造过程中的生产成本(或制造成本)和期间费用。

商品流通企业、交通运输企业、施工企业等其他行业企业在生产经营过程中所发生的各种费用，部分形成各行业企业的生产经营业务成本，部分作为期间费用直接计入当期损益。

综上所述，成本会计的对象可以概括为：各行业企业生产经营业务的成本和相关期间费用，简称成本、费用。

四、成本会计的职能

成本会计的职能，是指成本会计作为一种管理经济的活动，在生产经营过程中所能发挥的作用。成本会计的基本职能是指反映和监督两个职能。随着社会经济的发展和管理水平的提高，成本会计的职能也在扩展变化之中，现代成本会计的职能有：成本预测、成本决策、成本计划、成本控制、成本核算、成本分析和成本考核。

(一)成本预测

成本预测是指根据与成本有关的各种数据以及成本与各种技术经济因素的依存关系，结合市场竞争状况和发展前景所采取的各种措施，并利用科学的方法，采用一定的程序和建立一定的模型，对未来期间成本水平及其变化趋势做出科学的推测和估计。

(二)成本决策

成本决策是指在成本预测的基础上，根据市场营销和产品价值功能分析，运用科学的决策理论和方法，在若干个成本方案中，选择最佳成本方案，确定最优目标成本的过程。

(三)成本计划

成本计划是指在成本预测和成本决策的基础上，根据未来生产任务和降低成本的要求等，按照一定的方法所做出的用以反映企业计划期生产费用和产品成本水平的一种计划。

(四)成本控制

成本控制是指按预先制定的成本标准或成本计划指标，对实际发生的费用进行审核，并将其限制在标准成本或计划内，同时揭示和反馈实际与标准或与计划之间的差异，并采取措施消除不利因素，以使实际成本达到预期目标。

(五)成本核算

对生产经营活动过程中实际发生的成本、费用，按照一定的标准和成本计算对象进行归集和分配，并根据企业的生产工艺和生产组织的特点以及成本管理上的要求，采用与成本计算对象相适应的成本计算方法，计算出各种产品或劳务的总成本和单位成本，据此编制成本报表，为企业的成本管理提供成本信息。

(六)成本分析

成本分析是指利用成本核算和其他有关资料，与计划、上年同期实际、本企业历史先进水平，以及国内外先进企业等的成本进行比较，系统研究成本变动的因素和原因，制定有效办法或措施，以便进一步改善经营管理，挖掘降低成本的潜力。

(七)成本考核

成本考核是指对成本计划及其有关经济指标的实际完成情况所进行的考察和评价。

在成本会计的各个职能中，成本核算是最基本的职能，没有成本核算就没有成本会计。成本会计的各个职能是相互联系、互为条件的，并贯穿于企业生产经营活动的全过程，在全过程中发挥作用。

五、成本会计的工作组织

为了充分发挥成本会计职能的作用，为企业经营管理决策提供真实、可靠的信息，降低产品成本，提高经济效益，企业必须科学地组织成本会计工作。成本会计工作的组织主要包括设置成本会计机构，配备必要的成本会计人员，制定科学、合理的成本核算会计岗位职责。

(一)设置成本会计机构

企业的成本会计机构，是在企业中直接从事成本会计工作的职能部门，是企业会计机构的重要组成部分。企业应在保证成本会计工作质量的前提下，根据企业规模的大小和成本管理要求，科学合理地设置成本会计工作机构。

企业总部成本会计机构内部组织分工，可以按照成本会计职能分工，也可按照对象分工。按照成本会计职能，可以在总部成本会计机构内部设置成本核算、成本分析和检查等专门小组。成本会计对象包括产品成本和期间费用，因此，也可按照产品成本核算和分析、期间费用核算和分析设置专门小组。

企业总部和下属各生产车间(分厂)各级成本会计机构之间工作的组织分工，可采取集中工作方式，也可采取分散工作方式。

1. 集中工作方式

集中工作方式，是指厂部集中统一进行成本核算。成本会计工作中的核算、分析等各方面工作，主要由总部成本会计机构集中进行，车间(分厂)等其他单位中的成本会计机构和人员只负责登记原始记录和填制原始凭证，对它们进行初步的审核、整理和汇总，为总部进一步工作提供资料。

这种方式有利于减少企业成本核算机构的层次和人员，及时提供有关成本信息，全面掌握成本情况；但不利于生产部门对成本费用进行控制，不利于调动车间和生产工人降低成本的积极性。集中工作方式一般适用于成本会计工作比较简单的中小型企业。

2. 分散工作方式

分散工作方式，也称非集中工作方式，是指厂部进行综合的成本核算与分析，车间进行成本的明细核算。总部成本会计机构负责对各下级成本会计机构或人员进行业务上的指导和监督，并对全厂成本进行综合的成本预测、决策、计划、控制、分析及考核等。

分散工作方式有利于车间、有关职能部门及时了解本车间或本部门的成本费用指标，进而控制费用，降低成本水平；但是这种方式会增加成本核算的层次和人员。分散工作方式一般适用于成本会计工作比较复杂，各部门相对独立的大中型企业。

(二)配备必要的成本会计人员

成本会计人员是指在会计机构或专设成本会计机构中所配备的成本会计工作的专业技术人员，对企业日常的成本工作进行处理。成本核算会计人员不仅要熟悉会计法规、准则和制度，掌握能够适应成本会计工作的会计基础知识和实务操作技能，而且要具备一定的生产技术和经营管理方面的知识。成本核算会计人员应具备廉洁奉公、遵纪守法、实事求是、坚持原则的工作作风和高度的敬业精神。

(三)制定科学、合理的成本核算会计岗位职责

(1) 拟定成本核算办法。根据 2013 年 8 月 16 日财政部印发的《企业产品成本核算制度(试行)》(财会〔2013〕17 号)和成本核算的有关规定，结合本单位生产经营的特点和管理的要求，拟定本单位的成本核算办法。

(2) 编制成本、费用计划。根据本单位生产计划中降低成本的要求，结合本单位的实际情况，挖掘降低成本、费用的潜力，编制成本、费用计划，并按年、季、月将指标分解，层层落实，实行归口分级管理，以保证成本、费用计划的实现。

(3) 加强成本管理的基础工作。积极会同有关部门，建立健全各项原始记录、定额管理和计量检验等制度，为正确计算成本、加强成本管理提供可靠的依据。

(4) 核算产品成本。严格按照《企业产品成本核算制度(试行)》的规定，正确归集、分配生产费用。根据实际产量，实际消耗的材料、人工、费用，计算产品的实际成本。采用计划成本、定额成本进行日常核算的应正确计算成本差异，并应该按照规定办法按月调整为实际成本，不得以计划成本、估计成本以及定额成本代替实际成本。要划清本期产品成本和下期产品成本的界限，不得虚列可比产品成本降低额。

(5) 编制成本费用报表，进行成本费用的分析和考核。根据账簿记录、成本计划和上年的成本费用等有关资料，按照规定编制各种成本费用报表，并分析成本、费用计划的执行情况和升降的原因，预测成本发展趋势，对照同行业的成本、费用资料，提出降低成本、费用的途径和加强成本管理的建议。

(6) 协助管理在产品和自制半成品。协助有关部门建立在产品台账和半成品登记簿，对在产品的内部转移和半成品的入库出库，都要认真登记。对在产品和自制半成品要定期盘点，做到账实相符。

项 目 小 结

本项目要求学生理解成本的概念，主要是针对产品成本而言，实际工作中所涉及和应用的成本概念取决于成本核算制度的规定，与理论成本有一定的差距。我国成本开支范围是由国家通过有关法律制度界定的。通常所说的成本在实际工作中指的是产品成本，而不

高职高专会计专业规划教材

是成品所消耗的全部成本。

成本会计具有的职能有：成本核算、成本预测、成本决策、成本计划、成本控制、成本分析和成本考核。

企业应根据生产经营的特点、生产规模的大小和成本管理的需要来确定成本会计核算工作的组织机构，进行成本会计工作的分工，制定科学、合理的成本核算会计岗位职责。

练 习 题

一、单项选择题

(1) 产品成本按照价值学理论学说，主要包括(　　)。

  A. 产品价值中的物化劳动的转移价值

  B. 劳动者为自己劳动所创造的价值

  C. 产品价值中的物化劳动的转移价值和劳动者为自己劳动所创造的价值

  D. 劳动者剩余劳动所创造的价值

(2) 一般来说，实际成本与理论成本包括的内容是(　　)。

  A. 有一定差别的   B. 一致的

  C. 不相关的   D. 相互可以替代的

(3) 下列各项中，不计入产品成本的费用是(　　)。

  A. 车间生产用材料   B. 废品损失

  C. 车间厂房折旧费   D. 厂部办公楼折旧费

(4) 工业企业成本核算对象是(　　)。

  A. 产品成本   B. 期间费用

  C. 产品成本和期间费用   D. 企业所有开支

(5) 下列关于成本会计的职能表述不正确的是(　　)。

  A. 成本预测是在成本决策之前进行的

  B. 进行成本决策是编制成本计划的前提

  C. 成本考核是对成本计划完成情况进行的评价

  D. 成本控制是最基本的职能

二、多项选择题

(1) 下列各项中，应计入产品成本的费用是(　　)。

  A. 车间生产用材料   B. 停工损失

  C. 销售费用   D. 车间生产工人工资

(2) 成本的作用主要是(　　)。

  A. 成本是补偿企业生产耗费的尺度

  B. 成本是制定方案和决策的重要依据

　　　　C. 成本是决定价格的依据

　　　　D. 成本是评价企业工作质量的重要经济指标

(3) 成本会计的职能包括(　　)。

　　　　A. 成本预测、决策　　　　　　　　B. 成本核算、分析

　　　　C. 成本计划　　　　　　　　　　　D. 成本控制、考核

(4) 企业成本会计机构之间的组织分工包括(　　)。

　　　　A. 集中工作方式　　　　　　　　　B. 开放工作方式

　　　　C. 分散工作方式　　　　　　　　　D. 收缩工作方式

(5) 以下关于企业成本会计机构采用集中工作方式的说法中正确的有(　　)。

　　　　A. 有利于减少企业成本核算机构的层次和人员

　　　　B. 及时提供有关成本信息，全面掌握成本情况

　　　　C. 不利于生产部门对成本费用进行控制

　　　　D. 不利于调动车间和生产工人降低成本的积极性

三、判断题

(1) 产品成本=$C+V+M$。　　　　　　　　　　　　　　　　　　(　　)

(2) 厂部管理人员的工资不应计入产品成本中。　　　　　　　　(　　)

(3) 成本会计的对象是产品成本。　　　　　　　　　　　　　　(　　)

(4) 成本核算是成本会计的最基本职能。　　　　　　　　　　　(　　)

(5) 分散工作方式一般适用于成本会计工作比较简单的中小型企业。(　　)

项目二
工业企业成本核算的基本要求和一般程序

掌握产品成本核算的一般程序。

- 在产品成本核算过程中能够遵循成本核算要求。
- 能够按照产品成本核算的程序计算产品成本。

任务一 成本核算的基本要求

一、成本核算的原则

(一)实际成本计价原则

实际成本计价,是指企业核算某项财产物资时按实际发生的成本计算。在计算产品成本的过程中,不同的企业根据自己的生产特点和管理要求,可能会采取不同的计价方法,如计划成本法、定额法或标准成本法等,但在期末计算产品成本时,必须调整为实际成本,以保证最终利润数据的准确性。

(二)合法性原则

合法性原则,是指计入成本的各项支出必须符合国家相关法律法规的规定。不符合规定的支出不能计入成本,如各种行政性罚款不能计入成本。

(三)重要性原则

重要性原则,是指在会计核算过程中,对经济业务或会计事项应区别其重要程度,采用不同的核算方式。在成本核算的过程中,无须对每一成本构成要素都计算得十分精确,而应根据成本核算的重要性原则,对主要产品、主要费用计算科学精确,对于次要的产品费用,可采用简化的方法,从简处理。

在会计核算中坚持重要性原则,能够使会计核算在全面反映的基础上保证重点,有助于加强对经济活动和经营决策有重大影响和有重要意义的关键性问题的核算,达到事半功倍的效果,并有助于简化核算,节约人力,提高工作效率。

(四)可比性原则

可比性原则,指的是同一企业对于不同时期发生的相同或相似的交易或事项,应当采用一致的会计政策,不得随意变更。可比性原则还要求不同企业发生的相同或者相似的交易或者事项,应当采用规定的会计政策,确保会计信息口径一致、相互可比。如果有特殊情况要求企业必须改变原来的成本计算方法,则应在财务情况说明书中加以说明。

(五)权责发生制原则

权责发生制原则,是指会计核算中确定本期收益和费用的方法。即凡属本期的收入,不论款项是否收到,均作为本期收入处理;不属本期的收入,即使本期收到的款项也只作为预收款项处理,而不作为本期收入。凡属本期的费用,不论款项是否支出,均作为本期费用处理;不属本期的费用,即使在本期支出,也不能列入本期费用。

在产品成本核算过程中,遵循权责发生制原则,计算口径准确,可为产品总成本及损益的正确计算奠定基础。

二、成本核算的要求

遵循成本核算的原则，有利于产品成本的准确计算，除此以外，还应符合以下各项要求。

(一)算管结合，算为管用

算管结合，算为管用，意思是产品成本核算应与企业经营管理结合，为企业经营管理服务，提供个性信息，满足企业实际经营管理和决策的需要。成本核算要依据国家相关法律法规和企业的有关规定、定额、计划等，对各项费用进行事前、事中的审核和控制，并及时进行事后的核算，提供事后的成本信息，分析本期成本事项，指导下期成本的发生与核算，提高企业经营管理水平。

(二)正确划分各种费用界限

为了正确计算产品生产过程中发生的各项支出，提供准确的成本数据，在核算成本之前必须分清以下几个方面的费用界限。

1. 正确划分产品成本与期间费用的界限

产品在生产过程中会发生各种支出，有些支出与产品生产有直接关系，有些支出与产品生产没有直接关系。与产品生产有直接关系的支出，如用于产品生产的原材料、一线生产工人的工资、生产车间的制造费用等，应计入产品的生产成本中。与产品生产没有直接关系的支出，如为了提高产品知名度发生的广告费、短期借款的利息、行政管理人员的工资等，应计入期间费用。正确划分产品成本与期间费用的界限，对产品成本的准确计算和期间费用的控制意义重大。

2. 正确划分本期成本与下期成本的界限

大部分工业企业产品成本的计算期为一个月，但也有个别企业产品成本的计算期与产品的生产周期一致，与会计报告期并不一致，如使用分批法计算产品成本的企业。成本核算是以权责发生制为基础的，为了正确计算本期产品成本，应按照权责发生制的要求，凡应计入本期产品成本的支出，一律纳入核算；不应计入本期产品成本的支出，不能违规计入。

3. 正确划分各种产品成本的界限

企业同时生产的产品往往不仅限于一种，为了正确计算各种产品的成本，按照"谁消耗谁承担"的原则，必须将生产过程中发生的应计入产品成本的费用按照一定的标准分别列入不同的产品成本中，正确划分不同产品成本的界限。划分的基本原则是：能够确定是由某种产品单独负担的费用，则直接计入该产品的成本中；由几种产品共同负担的费用，制定合理的分配标准，分别计入各种产品的成本中。

4. 正确划分完工产品成本和月末在产品成本的界限

月末，企业生产的产品不一定全部完工，这就意味着该种产品既有完工产品也有在产品。那么计入该产品的生产费用，应采用适当的分配方法在完工产品与月末在产品之间进行分配，以便计算完工产品成本和月末在产品成本。

> 提示：在划分费用界限的过程中，应始终贯彻受益原则，即谁受益谁负担，何时受益何时负担，负担费用的多少应与受益程度的大小比例相同。

三、做好成本核算的基础工作

在对产品成本进行核算时，完善健全的成本核算基础工作是保证成本会计工作顺利进行的前提，成本的核算基础工作具体包括以下几个方面。

(一)建立健全原始记录

原始记录是记录生产经营活动的原始资料，是第一手资料，是进行成本核算和分析的依据。从企业购买材料到领用材料、人工与动力的耗费、产品的入库等，都需要进行真实客观的记录。原始记录内容完整，成本核算的工作才能顺利进行，产品成本的计算才能准确无误。因此，企业相关部门应认真做好各种原始记录的登记、传递、审核和监督工作，为成本核算打好基础。

(二)做好定额的制订和修订工作

产品的消耗定额是制订成本计划、审核控制成本、分析成本和考核成本的依据。企业应根据当前的经营水平、行业标准和技术水平，制订本企业的原材料、人工、工时和动力等消耗定额。消耗定额是指企业在生产经营中人力、物力、财力的消耗应遵循的标准或应达到的水平。企业根据确定的消耗定额来审核各项耗费是否合理，并用来考核企业管理人员的成本管理水平。因此，企业必须建立和健全定额管理制度，并随着生产的发展、技术的进步，不断修订消耗定额，以便更准确地核算成本。

(三)制订内部结算制度，合理制订内部结算价格

为了考核企业内部各个职能部门成本费用的完成情况，企业可以在内部建立结算制度，制订内部结算价格。内部结算价格又称内部转移价格，是企业内部各核算单位实行"独立核算，自计盈亏"的价值尺度，是实行内部模拟市场、模拟法人运行的基础，也是进行合理分配的经济杠杆。因此，建立和完善内部结算价格系统，为原材料、主要材料、辅助材料、燃料和动力、工具、配件等物资和劳务制订合理的内部交换价格，对于实行成本控制，正确处理企业内部单位之间的经济核算具有重要的作用。

(四)建立健全材料物资的计量、收发、领退和盘点制度

为了正确地计算产品成本，企业还需要建立和健全材料物资的计量、收发、领退和盘点制度。材料物资的收发、领退，在产品、半成品的内部转移和产成品的入库等，均应填制相应的凭证，并审核、计量、验收或交接。企业的存货均应按照规定进行盘点、清查，做到账实相符，保证成本计算的正确性。

(五)根据企业的生产特点和管理要求，确定合适的成本计算方法

产品成本的计算方法较多，企业应根据所生产产品的生产工艺和生产组织，根据企业管理的要求，采用适合本企业产品的生产成本计算方法。在同一企业里，可以采用一种成本计算方法，也可以采用多种成本计算方法。成本计算方法一经选定，不得随意变动。

任务二 成本核算的一般程序

一、产品成本核算的一般程序

产品成本核算的基本程序是指对生产经营过程中发生的各项费用，根据成本核算的基本要求，按设置的成本项目进行归集和分配，计算出完工产品成本的过程。成本核算的一般程序如图 2-1 所示。

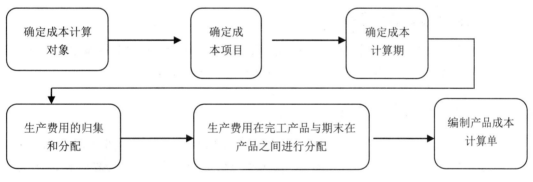

图 2-1 产品成本核算的程序

(一)确定成本计算对象

成本计算对象，就是生产费用归集和分配的对象，即生产费用的承担者。确定成本计算对象，是设置产品成本明细账、归集生产费用、正确计算产品成本的前提。不同的企业，产品成本计算对象不同。企业可根据生产特点、管理要求等，将产品品种、产品批别或生产步骤作为产品成本计算对象。

(二)确定成本项目

成本项目是指生产费用要素按照经济用途划分成的若干项目，能够反映成本的构成和产品生产过程中的资金耗费情况。产品成本项目一般设置为"直接材料""直接人工"

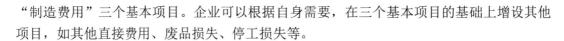

"制造费用"三个基本项目。企业可以根据自身需要，在三个基本项目的基础上增设其他项目，如其他直接费用、废品损失、停工损失等。

(三)确定成本计算期

成本计算期是指成本计算的间隔期。成本计算期的确定主要取决于企业生产组织的特点。一般情况下，大批量生产，产品成本的计算期间与会计期间一致；单件、小批量生产时，产品成本的计算期间与产品的生产周期一致。

(四)生产费用的归集和分配

生产费用的归集和分配是将应计入本月产品成本的各项生产费用，在各种有关产品之间，按照成本项目进行归集和分配。主要有两种情况：一类是直接计入费用，这种费用的发生只与一种受益对象有关，可以直接计入该产品成本中；另一种情况是间接费用，这种费用的发生与两种或两种以上的受益对象有关，所以应该按照受益对象分摊的原则，将间接费用按照合理的分配方法计入相关产品的成本中。

(五)生产费用在完工产品与期末在产品之间进行分配

对于本月既有完工产品又有在产品的产品，将该种产品的全部生产费用(月初在产品生产费用与本月生产费用之和)在完工产品和月末在产品之间进行分配，计算出完工产品的成本和月末在产品的成本。

(六)编制产品成本计算单

企业应该按照成本计算对象设置产品成本计算单，用于登记产品各成本项目的月初在产品成本、本月发生的成本、本月完工产品成本和月末在产品成本。

二、成本核算的账户设置

为了按照经济用途归集生产费用，应设置"基本生产成本""辅助生产成本"(或设置"生产成本"总分类账，下设"基本生产成本""辅助生产成本"两个明细账户)，以及"制造费用"等生产费用总分类账户。如果需要单独核算废品损失和停工损失，还可设置"废品损失"和"停工损失"账户。

(一)"基本生产成本"账户

"基本生产成本"账户是为了归集核算企业基本生产车间所发生的各项费用和计算基本生产产品成本而设置的。账户的借方登记生产产品发生的直接材料、直接工资、其他直接支出等，贷方登记验收入库的完工产品成本，借方余额为基本生产的在产品成本。该账户下按产品品种、步骤、类别为对象设置明细账户。

(二)"辅助生产成本"账户

"辅助生产成本"账户是为了归集和核算辅助生产车间发生的各项生产费用和计算辅

助生产提供的产品、劳务成本而设立的。该账户借方登记辅助生产车间发生的各项生产费用，贷方登记辅助生产完工产品或劳务成本，借方余额反映辅助生产在产品成本及尚未转出的劳务成本。该账户下按辅助生产车间设置明细账户。

(三)"制造费用"账户

"制造费用"账户是为了归集和分配基本生产车间为组织和管理生产而发生的各项费用。该账户借方登记发生的各项制造费用，贷方登记分配转出的制造费用。除季节性企业外，该账户月末无余额。该账户下可按车间、部门和费用项目设置明细账户核算。

(四)"废品损失"账户

在工业企业生产过程中，废品损失的核算一般有两种处理方法：一是设置"废品损失"总账账户，二是在"生产成本"账户下设置二级账户进行核算。

"废品损失"账户属于资产类账户，它是专门用来核算生产中发生的废品损失的账户。该账户借方登记从"生产成本"账户结转来的废品的生产成本和可修复废品的修复费用，贷方登记废品残料的入库价值、责任人赔偿的金额及结转到生产成本账户的废品净损失。在单独核算废品损失的情况下，在生产成本明细账中应增设"废品损失"成本项目。

(五)"停工损失"账户

停工损失是指企业或生产车间、班组在停工期间(非季节性停工期间)发生的各项费用，包括停工期内支付的直接人工费用和应负担的制造费用。

该账户应按车间和成本项目进行明细核算。根据停工报告单和各种费用分配表，以及分配汇总表等有关凭证，将停工期内发生、应列作停工损失的费用记入"停工损失"账户的借方进行归集。过失单位、过失人员或保险公司的赔款，应从该账户的贷方转入"其他应收款"等账户的借方。将停工净损失从该账户的贷方转出，属于自然灾害部分转入"营业外支出"账户的借方，应由本月产品成本负担的部分则转入"基本生产成本"账户的借方，并采用合理的分配标准，分配计入各车间各产品成本明细账停工损失成本项目。

项　目　小　结

在成本核算工作中，要遵循成本核算的基本原则，正确划分各种费用的界限，做好成本核算的各项基础工作，设置成本核算过程所需账户，按照成本核算的一般程序，正确计算出产品的成本。

练 习 题

一、单项选择题

(1) 下列可以计入产品成本的费用是( )。

    A. 生产费用   B. 销售费用   C. 财务费用   D. 管理费用

(2) 下列各项中，不属于间接生产费用的是( )。

    A. 机器设备耗用电费   B. 生产工人工资

    C. 机器设备折旧费用   D. 车间厂房折旧费用

(3) 下列不属于生产费用的项目是( )。

    A. 为生产产品而消耗的材料   B. 生产工人的工资

    C. 车间管理人员的工资   D. 企业管理人员的工资

(4) 下列属于产品成本核算首要程序的是( )。

    A. 确定成本计算期   B. 生产费用的归集和分配

    C. 确定成本项目   D. 确定成本计算对象

(5) 需要在各个成本核算对象之间分配的生产费用，是指( )。

    A. 期初在产品成本   B. 本期发生的生产费用

    C. 期末在产品成本   D. 期初在产品成本+本期发生的生产费用

二、多项选择题

(1) 下列应计入产品成本支出的是( )。

    A. 产品生产工人工资和车间管理人员工资

    B. 购建固定资产、无形资产的支出

    C. 生产车间的劳动保护费用支出

    D. 捐赠、赞助支出

(2) 企业的经营管理费用包括( )。

    A. 生产费用   B. 销售费用   C. 财务费用   D. 管理费用

(3) 为了充分发挥成本核算的作用，在成本核算工作中，应贯彻实施的要求是( )。

    A. 算管结合，算为管用

    B. 正确划分各种费用的界限

    C. 做好成本核算的各项基础工作

    D. 根据生产特点和成本管理要求，采用适当的成本计算方法

(4) 按照生产特点和管理要求，工业企业一般可以设立( )项目。

    A. 直接材料   B. 燃料和动力   C. 直接人工   D. 制造费用

(5) 为了进行产品成本的总分类核算，工业企业可以根据不同的状况，设立不同的会计科目，一般可以设立( )。

  A. "生产成本" 账户

  B. "停工损失" 账户

  C. "基本生产成本" 和 "辅助生产成本" 账户

  D. "废品损失账户" 账户

三、判断题

(1) 基本生产明细账应按成本计算对象设置。   (　　)

(2) 期间费用应计入产品成本。   (　　)

(3) 进行产品成本核算时，都必须划分完工产品与月末在产品的费用界限。 (　　)

(4) 企业一定时期的生产费用等于其同一时期的产品成本。   (　　)

(5) 废品损失应全部计入产品成本。   (　　)

四、思考题

(1) 成本核算的原则有哪些？

(2) 如何正确划分各种费用的界限？

(3) 成本核算的基础工作包括哪些方面？

(4) 成本核算的一般程序是什么？

(5) 成本核算时一般会设置哪些账户？

项目三
工业企业费用的归集和分配

学习目标

- 了解材料的分类、工资的组成、折旧费用计提范围。
- 熟悉动力费用、折旧费用的归集和分配方法。
- 掌握材料费用、人工费用的归集和分配方法。
- 掌握辅助生产车间费用、制造费用的归集和分配方法。
- 掌握废品损失和停工损失的核算。

技能要求

- 会进行材料费用、人工费用的分配。
- 会运用各种方法进行辅助生产车间费用、制造费用的分配。
- 会进行废品损失和停工损失的核算。

任务一　各种费用要素的分配

产品生产过程也是劳动资料、劳动对象和活劳动的消耗过程，从其经济内容来看，计入产品成本的费用，包括物化劳动消耗和活劳动消耗。这种按照费用经济内容进行的分类在成本会计中称作费用要素。生产经营费用具体划分为以下九个要素。

(1) 外购材料。企业为生产产品而耗用的一切从外部购进的原材料及主要材料、半成品、辅助材料、包装物和低值易耗品等。

(2) 外购燃料。企业为生产产品而耗用的一切从外部购进的各种燃料。

(3) 外购动力。企业为生产产品而耗用的从外部购进的各种动力。

(4) 工资薪酬。企业应计入生产经营费用的职工工资及福利费等。

(5) 折旧费。企业按照规定计算的应计入生产经营费用的固定资产折旧费。

(6) 修理费。企业发生的固定资产修理费。

(7) 利息支出。企业应计入财务费用的银行借款利息支出减去利息收入后的净额。

(8) 税金。企业应计入管理费用的各种税金。

(9) 其他费用。企业发生的不属于以上各种要素的费用。

一、原材料费用的归集和分配

原材料是指企业通过采购或其他方式取得的用于制造产品并构成产品实体的物品，以及取得的供生产耗用但不构成产品实体的辅助材料、燃料等。

(一)原材料购入成本的计量

正确地确定取得材料的成本，是正确计算产品成本中材料成本的前提，在企业规模小、材料品种规格不多且收发不太频繁的情况下，材料可以按照实际成本计价；在企业规模较大、材料品种规格较多且收发频繁的情况下，材料可以按照计划成本计价。

(二)领用材料的原始凭证和材料费用的分配

企业生产过程领用的材料品种、数量很多，为明确各单位的经济责任，便于分配材料费用，以及不断降低材料的消耗，在领用材料时应办理必要的手续。领用材料时使用的原始凭证主要包括领料单、限额领料单和领料登记表等。

月末，将各种领料凭证按车间、部门进行汇总，即可计算出各车间、部门消耗材料的数量和金额，通过编制"材料费用分配表"进行材料费用分配的核算。

通常情况下，原材料费用分配是按用途、部门和受益对象来分配的。具体来说：用于产品生产的原材料费用由基本生产的各种产品负担，应记入"生产成本"总账账户及明细账的有关成本项目；生产车间一般消耗的原材料，应记入"制造费用"总账账户及明细账的有关成本项目；而用于产品销售以及企业行政部门组织和管理生产的材料费用，则由销售费用和管理费用负担，记入"销售费用"和"管理费用"账户的有关费用项目等。总之，材料费用的分配对象，要视企业的生产特点和管理要求而定，不能随意确定。

材料费用的归集与分配过程如图 3-1 所示。

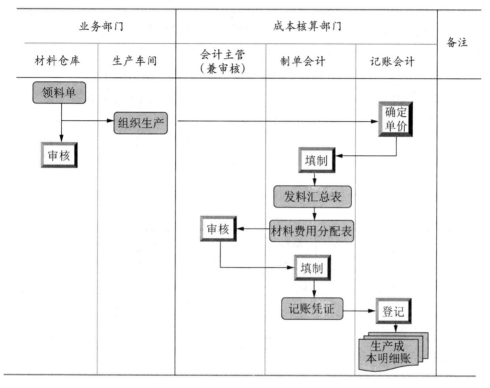

图 3-1　材料费用的归集与分配过程

(三)原材料费用的分配方法

原材料费用的分配方法是指将原材料费用计入各负担对象的方法。一般而言，凡能辨清原材料费用承担对象的，应直接计入该分配对象。属于几种产品共同耗用的，即间接计入的，应采用适当的分配方法，分配计入各有关产品成本。在这种情况下，分配方法的选择对成本核算的正确性有一定影响。由于生产过程中原料和主要材料的耗用量一般与产品的重量、体积有关，因而原料和主要材料费用一般可以按产品的重量比例分配。如果企业有原料及主要材料消耗定额且比较准确，也可以按照材料的定额消耗量或定额费用比例分配。下面主要说明材料费用分配的材料定额耗用量比例法和材料定额费用比例法。

1. 材料定额耗用量比例法

材料定额耗用量比例法是指以定额耗用量作为分配标准的一种费用分配方法。材料消耗定额简称材料定额，是指在节约和合理使用材料的条件下，生产单位合格产品所需要消耗一定品种规格的材料、半成品、配件、水电和燃料等的数量标准。

材料定额耗用量比例法的计算步骤如下。

第一步：计算某种产品材料定额耗用量。

高职高专会计专业规划教材

某种产品材料定额耗用量=该种产品实际产量×单位产品材料消耗定额

第二步：计算材料耗用量分配率。

材料耗用量分配率=材料实际消耗总量÷各种产品材料定额耗用量之和

第三步：计算某种产品应分配的材料数量。

某种产品应分配的材料数量=该种产品材料定额耗用量×材料耗用量分配率

第四步：计算某种产品应分摊的材料费用。

某种产品应分摊的材料费用=该产品应分配的材料数量×材料单价

【例 3-1】 华中企业生产车间 201×年 12 月生产甲、乙两种产品领用 C 材料 3600 千克，每千克 20 元。本月投产的甲产品为 150 件，乙产品为 120 件。甲产品的材料消耗定额为 12 千克，乙产品的材料消耗定额为 10 千克。领料单如表 3-1 所示。

表 3-1　领料单

领料单位：生产车间　　　　　　　　　　　　　　　　　　　　　　　　0202002

材料用途：产品生产　　　　　　　　201×年 12 月　　　　　　发料仓库：原材料仓库

材料类别	材料编号	材料名称	材料规格	计量单位	数　　量		材料单价/元	金额/元
					请领	实发		
原材料	79 528	C 材料	Φ20	千克	3600	3600	20	72 000
备　注	生产甲、乙两种产品						合计	72 000

共同耗用 C 材料的费用分配计算如下。

甲产品的材料定额消耗量=150×12=1800(千克)

乙产品的材料定额消耗量=120×10=1200(千克)

材料消耗量分配率=3600÷(1800+1200)=1.2(元/千克)

甲产品分配负担的材料数量=1800×1.2=2160(千克)

乙产品分配负担的材料数量=1200×1.2=1440(千克)

甲产品分配负担的材料费用=2160×20=43 200(元)

乙产品分配负担的材料费用=1440×20=28 800(元)

这种分配方法，可以考核材料消耗定额的执行情况，有利于进行材料消耗的实物管理，但分配的计算工作量较大。为了简化分配计算工作量，也可以直接按材料定额消耗量分配材料费用。

原材料费用分配率=原材料费用总额÷各种产品材料定额耗用量之和

某种产品应分配的材料费用=该种产品定额耗用量×原材料费用分配率

【例 3-2】 承例 3-1，则

原材料费用分配率=72 000÷(1800+1200)=24(元/千克)

甲产品应分配的原材料费用=1800×24=43 200(元)

乙产品应分配的原材料费用=1200×24=28 800(元)

上述两种分配方法的计算结果相同，但后一种方法不能反映各种产品所应负担的材料消耗总量，不利于加强材料消耗的实物管理。

【课堂能力训练】 华中企业生产甲、乙、丙三种产品，根据材料汇总表(见表 3-2)，本月三种产品共同耗用 B 材料 72 000 元。

表 3-2 原材料定额耗用量一览表

产　品	产量/件	单位消耗定额/千克	定额耗用量/千克
甲	120	2	240
乙	180	4	720
丙	240	6	1440

要求：采用定额耗用量法分配材料费用。

【课堂能力训练解析】

材料费用分配率=72 000÷(240+720+1440)=30(元/千克)

甲产品应分摊的材料费用=240×30=7200(元)

乙产品应分摊的材料费用=720×30=21 600(元)

丙产品应分摊的材料费用=1440×30=43 200(元)

2. 材料定额费用比例法

材料定额费用比例法是指以定额费用作为分配标准的一种费用分配方法。在各种产品共同耗用原材料种类较多的情况下，为了进一步简化分配计算工作，可以按照各种材料的定额费用的比例来分配材料实际费用，即称之为材料定额费用比例法。

材料定额费用比例法的计算步骤如下。

第一步：计算各种材料的定额费用。

某产品某材料定额费用=该种产品实际产量×单位产品该种材料费用定额

其中：单位产品该种材料费用定额=单位产品该种材料消耗定额×该种材料计划单价

第二步：计算材料的费用分配率。

材料费用分配率=各种材料实际费用总额÷各种产品材料定额费用之和

第三步：计算产品应分配的材料费用。

某种产品分配负担的材料费用=该种产品各种材料定额费用之和×材料费用分配率

【例 3-3】 华中企业生产车间 201×年 12 月生产甲、乙两种产品，共同领用 A、B 两种主要材料，共计 37 620 元(其中 A 材料 2178 千克，B 材料 1980 千克)。本月投产甲产品 150 件，乙产品 120 件。甲产品材料消耗定额：A 材料 6 千克，B 材料 8 千克；乙产品材料消耗定额：A 材料 9 千克，B 材料 5 千克。A 材料的单价为 10 元，B 材料的单价为 8 元。

材料分配计算如下。

甲产品：A 材料定额费用=150×6×10=9000(元)

　　　　B 材料定额费用=150×8×8=9600(元)

　　　　甲产品材料定额费用合计 18 600(元)

高职高专会计专业规划教材

乙产品：A 材料定额费用=120×9×10=10 800(元)

B 材料定额费用=120×5×8=4800(元)

乙产品材料定额费用合计 15 600(元)

材料费用分配率=37 620÷(18 600+15 600)=1.1

甲产品应分配的材料费用=18 600×1.1=20 460(元)

乙产品应分配的材料费用=15 600×1.1=17 160(元)

3. 原材料费用分配的账务处理

原材料费用分配在实际工作中是通过编制"原材料费用分配表"进行的。这种分配表应根据领退料凭证和有关凭证编制。其中退料凭证的数额可以从相应的领料凭证的数额中扣除。下面举例说明其编制方法和会计处理。会计分录如下。

借：生产成本——基本生产成本——××产品

——××产品

生产成本——辅助生产成本——××车间

——××车间

制造费用——基本生产车间

管理费用

贷：原材料

【例 3-4】 华中企业 201×年 12 月份共生产甲产品 150 件，乙产品 120 件，除前面共同领用的 A、B 材料外，生产产品直接领用及其他部门领用材料如表 3-3 所示。

表 3-3 发出材料汇总表

201×年 12 月

领料部门		材料类别	发料数量/千克	单位成本/元	金额/元	用　　途
生产车间		A 材料	2178	10	21 780	甲、乙两种产品共用
		B 材料	1980	8	15 840	
		C 材料	3600	20	72 000	
		C 材料	100	20	2000	基本车间物料消耗
辅助车间	锅炉车间	C 材料	200	20	4000	
	机修车间	C 材料	50	20	1000	
管理部门		C 材料	50	20	1000	

编制的"材料费用分配表"如表 3-4 所示。

表 3-4　材料费用分配表

201×年 12 月

应借账户			间接计入(C 材料)			间接计入(A、B 材料)			直接计入/元	合计/元
			分配标准/元	费用分配率/%	分配额/元	分配标准/元	费用分配率/%	分配额/元		
生产成本	基本生产成本	甲产品	1800		43 200	18 600		20 460		63 660
		乙产品	1200		28 800	15 600		17 160		45 960
		小计	3000	24	72 000	34 200	1.1	37 620		109 620
	辅助生产成本	锅炉车间							4000	4000
		机修车间							1000	1000
		小计							5000	5000
制造费用	基本生产车间								2000	2000
管理费用									1000	1000
合计					72 000			37 620	8000	117 620

根据表 3-4，编制会计分录如下。

借：生产成本——基本生产成本——甲产品　　　　　63 660
　　　　　　　　　　　　　　——乙产品　　　　　45 960
　　生产成本——辅助生产成本——锅炉车间　　　　4000
　　　　　　　　　　　　　　——机修车间　　　　1000
　　制造费用——基本生产车间　　　　　　　　　　2000
　　管理费用　　　　　　　　　　　　　　　　　　1000
　　贷：原材料　　　　　　　　　　　　　　　　　　　　　117 620

根据编制的记账凭证，审核无误后，登记产品生产成本明细账，如图 3-2 所示(仅以甲产品为例登记)。

甲产品　　生产成本明细账

201×年		凭证		摘要	直接材料	燃料及动力	直接人工	制造费用	合计
月	日	种类	号数		千百十万千百十元角分	千百十万千百十元角分	千百十万千百十元角分	千百十万千百十元角分	千百十万千百十元角分
12	31		略	领用材料	6 3 6 6 0 0 0				6 3 6 6 0 0 0

图 3-2　领用材料

高职高专会计专业规划教材

二、外购燃料及动力费用的归集和分配

企业燃料费用的归集与分配和材料费用的归集与分配相同。如果燃料单独作为一个科目进行核算，则按使用部门和用途借记"生产成本""制造费用"和"管理费用"等科目，贷记"燃料"科目；如果企业不设置"燃料"科目，燃料费用可以并入"原材料"科目进行核算，此时燃料是作为"原材料"的明细科目进行核算的。

为了加强对能源费用的核算和控制，生产工艺用动力一般与生产工艺用燃料合并设置一个"燃料及动力"成本项目，此时外购动力费应计入产品成本的"燃料及动力"成本项目。

如果企业的生产工艺用的燃料和动力没有专门设置"燃料及动力"成本项目，这些费用则可以分别计入"直接材料"成本项目和"制造费用"成本项目，即作为原材料费用和制造费用进行核算。

【例 3-5】华中企业 201×年 12 月生产甲、乙两种产品，本月实际耗电量为 86 800 千瓦时，每度电 0.50 元，共计 43 400 元。根据电表记录，企业管理部门耗电 4600 千瓦时，车间管理部门耗电 3000 千瓦时，生产车间生产产品耗电 78 400 千瓦时，锅炉车间耗电 200 千瓦时，机修车间耗电 600 千瓦时。本月甲产品实耗工时 2600 小时，乙产品实耗工时 2400 小时，动力费用分配表如表 3-5 所示。

表 3-5 动力费用分配表

201×年 12 月　　　　　　　　　　　　　　　　　　单位：元

应借科目			成本及费用项目	动力费用分配		电费分配	
				实际工时/小时	分配金额(分配率＝7.84)	用电量/千瓦时	单价(0.50 元)
生产成本	基本生产成本	甲产品	燃料及动力	2600	20 384		
		乙产品	燃料及动力	2400	18 816		
		小计		5000	39 200	78 400	39 200
	辅助生产成本	锅炉车间				200	100
		机修车间				600	300
制造费用		基本生产车间				3000	1500
管理费用			水电费			4600	2300
合计						86 800	43 400

根据表 3-5，编制会计分录如下。

借：生产成本——基本生产成本——甲产品　　　　20 384

　　　　　　　　　　　　　　——乙产品　　　　18 816

　　生产成本——辅助生产成本——锅炉车间　　　　100

　　　　　　　　　　　　　　——机修车间　　　　300

　　制造费用——基本生产车间　　　　1500

管理费用 2300

贷：应付账款(或银行存款) 43 400

财会部门根据审核无误的燃料及动力费用分配的记账凭证，登记生产成本明细账，如图 3-3 所示(仅以甲产品为例登记)。

甲产品　　生产成本明细账

201*年		凭证		摘要	直接材料	燃料及动力	直接人工	制造费用	合计
月	日	种类	号数		千百十万千百十元角分	千百十万千百十元角分	千百十万千百十元角分	千百十万千百十元角分	千百十万千百十元角分
12	31		略	领用材料	6 3 6 6 0 0 0				6 3 6 6 0 0 0
				分配动力费用		2 0 3 8 4 0 0			2 0 3 8 4 0 0

图 3-3 分配动力费用

企业的外购动力费用，在付款时，应按外购动力的用途直接借记各成本、费用科目，贷记“银行存款”科目，但在实际工作中一般通过“应付账款”科目核算。

三、人工费用的归集和分配

职工薪酬是指企业为获得职工提供的服务而给予的各种形式的报酬以及其他相关支出。职工薪酬不仅包括企业一定时期支付给全体职工的劳动报酬总额，而且也包括按照工资的一定比例计算并计入成本费用的其他相关支出。职工薪酬包括工资、奖金、津贴和补贴、职工福利费、各类社会保险费用、住房公积金、工会经费、职工教育经费、未参加社会统筹的退休人员退休金和医疗费用以及辞退福利、带薪休假等其他与薪酬相关的支出。

(一)职工薪酬的范围

职工薪酬主要包括以下内容。

1. 职工工资、奖金、津贴和补贴

企业按照有关标准、规定应付给职工的计时工资、计件工资、超额劳动报酬、增收节支奖励，以及各种津贴、补贴。

2. 职工福利费

企业用于改善职工生活条件的如职工医院、浴室、食堂餐厅等费用支出。

3. 社会保险费

企业按照国家有关标准和比例，向社会保险经办机构缴纳的“五险”，即医疗保险费、养老保险费、失业保险费、工伤保险费和生育保险费等社会保险费。

4. 住房公积金

企业按照国家住房公积金管理条例的规定，向住房公积金管理机构缴存的住房公积金。

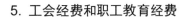

5. 工会经费和职工教育经费

企业按照一定比例从应付职工薪酬(职工工资)中提取的，用于职工工会活动的费用以及后续教育培训的支出。

6. 非货币性福利

向职工发放的企业自产产品或外购商品，或无偿向职工提供住房等资产使用的福利。

7. 解除与职工劳动关系给予的补偿

在职工劳动合同尚未到期前，企业决定解除与职工的劳动关系而给予的补偿；为鼓励职工自愿接受裁减而给予的补偿，职工有权利选择继续在职或接受补偿离职。

8. 其他相关支出

其他与获得职工提供的服务相关的支出。

(二)工资费用分配的核算

职工薪酬的核算包括结算和分配两个环节。企业的人力资源部门根据职工的考勤记录、产量记录、薪金等资料，计算并编制"工资结算单"。企业的财务部门根据工资结算单编制工资分配汇总表，进行人工费用的分配与处理。

《企业会计准则》规定：应由生产产品、提供劳务负担的职工薪酬，计入产品成本或劳务成本；应由在建工程、无形资产负担的职工薪酬，计入建造固定资产或无形资产成本；除上述之外的其他职工薪酬，计入当期损益。

企业为职工缴纳的"五险一金"，应当按照职工所在岗位进行分配，分别借记"生产成本"账户、"制造费用"账户、"在建工程"账户、"管理费用"账户等，贷记"应付职工薪酬"账户。

企业成本核算员在每月终了时，应在会计部门根据计算出的职工工资，按车间、部门分别在编制"工资结算单"的基础上，分别按受益对象来分配工资费用。分配工资费用时，工资费用分配对象的确定与材料费用的分配基本相同，即按谁受益、谁负担的原则进行分配。具体来说，为产品生产而发生的人员工资应由基本生产部门的各产品负担；为辅助生产提供产品或劳务所发生的人员工资应由辅助生产部门生产的各产品或劳务承担；各生产部门的管理人员发生的工资应由各生产部门的制造费用承担；企业行政管理部门发生的工资则由管理费用承担。人工费用的核算流程如图3-4所示。

在实际工作中，工资费用的分配，一般是通过编制"工资费用分配表"进行的，编制的依据是工资结算单。下面将以计时工资形式下工资费用的分配为例进行说明。

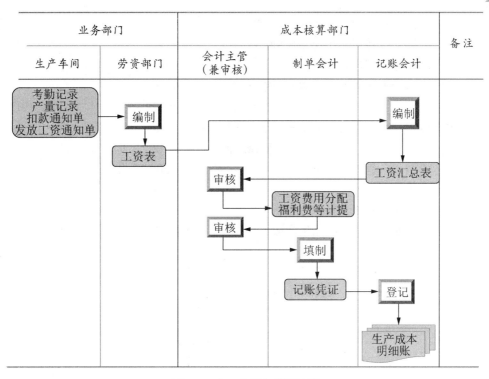

图 3-4 人工费用的核算流程

【例 3-6】 华中企业 201×年 12 月为生产甲、乙两种产品支付生产工人工资 24 600 元，锅炉车间生产工人工资 7400 元，机修车间生产工人工资 4100 元，基本生产车间管理人员工资 4500 元，企业行政部门管理人员工资 10 800 元。生产工人的工资规定按甲、乙两种产品的生产工时比例进行分配，其工时分别为 4100 小时和 2050 小时。编制的"工资费用分配表"如表 3-6 所示。

表 3-6 工资费用分配表

201×年 12 月

应借账户		成本或费用项目	生产工时/小时	分配率/(元/小时)	应分配工资费用/元
生产成本	基本生产成本	甲产品	直接人工	4100		16 400
		乙产品	直接人工	2050		8200
		小 计		6150	4	24 600
	辅助生产成本	锅炉车间	直接人工			7400
		机修车间	直接人工			4100
		小 计				11 500
制造费用		基本生产车间	工资及福利费			4500
管理费用			工资及福利费			10 800
合计						51 400

工资费用分配率=24 600÷(4100+2050)=4(元/小时)

甲产品应分摊工资费用=4100×4=16 400(元)

乙产品应分摊工资费用=2050×4=8200(元)

根据表3-6，编制会计分录如下。

借：生产成本——基本生产成本——甲产品　　　16 400

　　　　　　　　　　　　　　——乙产品　　　　8200

　　生产成本——辅助生产成本——锅炉车间　　　7400

　　　　　　　　　　　　　　——机修车间　　　4100

　　制造费用——基本生产车间　　　　　　　　4500

　　管理费用　　　　　　　　　　　　　　　　10 800

　　　贷：应付职工薪酬——职工工资　　　　　　　　　51 400

根据以上账务处理，登记产品生产成本明细账，如图3-5所示(仅以甲产品为例登记)。

甲产品　　生产成本明细账

201*年		凭证		摘要	直接材料	燃料及动力	直接人工	制造费用	合计
月	日	种类	号数		千百十万千百十元角分	千百十万千百十元角分	千百十万千百十元角分	千百十万千百十元角分	千百十万千百十元角分
12	31	略		领用材料	6 3 6 6 0 0 0				6 3 6 6 0 0 0
				分配动力费用		2 0 3 8 4 0 0			2 0 3 8 4 0 0
				分配工资费用			1 6 4 0 0 0 0		1 6 4 0 0 0 0

图 3-5　分配工资费用

【课堂能力训练】 某工厂设有一个基本生产车间，生产甲、乙、丙三种产品，本月产品生产工人工资为 120 000 元。三种产品的实际生产工时分别为 2000 小时、3000 小时、5000 小时。

要求：按生产工时分配人工费用。

【课堂能力训练解析】

工资费用分配率=120 000÷(2000+3000+5000)=12(元/小时)

甲产品应分摊工资费用=2000×12=24 000(元)

乙产品应分摊工资费用=3000×12=36 000(元)

丙产品应分摊工资费用=5000×12=60 000(元)

(三)职工福利费分配的核算

职工福利费是用于企业内设医务室、职工浴室、理发室、幼儿园等集体福利机构人员的工资、医务经费、职工因公负伤赴外地就医费、职工生活困难补助、未实行医疗统筹企业的职工医疗费用以及按照国家规定开支的其他职工福利支出。

根据新的《企业会计准则》和修订后的《企业财务通则》的有关规定，职工福利费属于职工薪酬的范围，除医疗保险以外的其他福利性费用，由企业自主决定提取比例或者据实列支。企业可以根据实际情况采用先提取后使用的方法，但提取比例由企业根据自身实际情况合理确定。年末，如果当年提取的福利费大于支用数，应予冲回，反之应当补提，也可以按福利费的实际发生额据实列支，直接计入相关成本、费用中。企业应设置"应付职工薪酬——职工福利"账户核算职工福利费。发生的福利费按照计算对象列入相关成本、费用账户。

【例 3-7】　承例 3-6，企业当期按工资额的 5%计提职工福利，编制的分配表如表 3-7 所示。

表 3-7　职工福利费分配表

201×年 12 月

应借账户			成本或费用项目	生产工时/小时	分配率/(元/小时)	工资费用/元	计提标准/%	职工福利/元
生产成本	基本生产成本	甲产品	直接人工	4100		16 400	5	820
		乙产品	直接人工	2050		8 200	5	410
		小　计		6150	4	24 600	5	1230
	辅助生产成本	锅炉车间	直接人工			7400	5	370
		机修车间	直接人工			4100	5	205
		小计				11 500	5	575
制造费用		基本生产车间	工资及福利费			4 500	5	225
管理费用			工资及福利费			10 800	5	540
合计						51 400	5	2570

根据表 3-7，编制会计分录如下。

借：生产成本——基本生产成本——甲产品　　　　820
　　　　　　　　　　　　　　　——乙产品　　　　410
　　生产成本——辅助生产成本——锅炉车间　　　370
　　　　　　　　　　　　　　　——机修车间　　　205
　　制造费用——基本生产车间　　　　　　　　　225
　　管理费用　　　　　　　　　　　　　　　　　540
　　　贷：应付职工薪酬——职工福利　　　　　　　　2 570

根据以上账务处理，登记产品生产成本明细账，如图 3-6 所示(仅以甲产品为例登记)。

甲产品　　生产成本明细账

201×年		凭证		摘要	直接材料	燃料及动力	直接人工	制造费用	合计
月	日	种类	号数		千百十万千百十元角分	千百十万千百十元角分	千百十万千百十元角分	千百十万千百十元角分	千百十万千百十元角分
12	31		略	领用材料	6 3 6 0 0 0				6 3 6 0 0 0
				分配动力费用		2 0 3 8 4 0 0			2 0 3 8 4 0 0
				分配工资费用			1 6 4 0 0 0 0		1 6 4 0 0 0 0
				分配福利费			2 5 7 0 0 0		2 5 7 0 0 0

图 3-6　分配福利费

高职高专会计专业规划教材

四、其他要素费用的归集和分配

(一)折旧费用的归集和分配

折旧费用的归集必须按固定资产的使用车间、部门来进行，以便正确计入各车间、部门有关产品成本及费用当中。对于生产单位使用的固定资产，其折旧应按地点通过"制造费用"账户反映；辅助生产车间如果没有设置制造费用明细账，则它的折旧额可直接记入"生产成本——辅助生产成本"账户；非生产单位使用的固定资产，应区别不同用途进行相应的处理。

【例 3-8】 华中企业拥有固定资产价值 2 370 000 元，上月计提折旧额 12 300，上月新增固定资产应提折旧额 3650 元，上月减少固定资产应提折旧额 590 元，则本月实际应提折旧为 15 360 元，固定资产折旧费用分配如表 3-8 所示。

表 3-8 固定资产折旧费用分配表

201×年××月

借方账户		原值/元	月折旧率/%	折旧额/元
制造费用		900 000	0.4	3600
生产成本——辅助生产成本	锅炉车间	800 000	0.7	5 600
	机修车间	470 000	0.8	3 760
管理费用		200 000	1.2	2 400
合计		2 370 000		15 360

根据表 3-8，编制会计分录如下。

借：制造费用　　　　　　　　　　　　　　　　3600
　　生产成本——辅助生产成本——锅炉车间　　　5600
　　　　　　　　　　　　　　——机修车间　　　3760
　　管理费用　　　　　　　　　　　　　　　　2400
　　贷：累计折旧　　　　　　　　　　　　　　　　　15 360

(二)利息费用的核算

要素费用中的利息费用，不是产品成本的组成部分，而是财务费用的一个费用项目。

利息费用一般按季结算支付。每月预计利息费用时，应借记"财务费用"账户，贷记"应付利息"账户；季末实际支付全季利息费用时，借记"应付利息"等账户，贷记"银行存款"账户。

利息费用如果数额不大，为了简化核算工作，也可以在季末实际支付时全部计入当月的财务费用，即借记"财务费用"账户，贷记"银行存款"账户。

(三)税金的核算

各种要素费用中的税金，也不是产品成本的组成部分，而是管理费用的组成部分，包括房产税、车船使用税、土地使用税和印花税等。

印花税可直接计算并交纳。交纳时，应借记"管理费用"账户，贷记"银行存款"账户，不通过"应交税费"账户核算。

房产税、车船使用税和土地使用税，需要预先计算应交金额，然后交纳。这些税金应通过"应交税费"账户核算。算出应交纳税金时，应借记"管理费用"账户，贷记"应交税费"账户；在交纳税金时，应借记"应交税费"账户，贷记"银行存款"等账户。

(四)其他费用的核算

要素费用中的其他费用是指除了前面所述各要素以外的费用，包括邮电费、租赁费、印刷费、图书资料及报刊订购费、试验检验费、排污费、差旅费、误餐补助费、交通费补贴、保险费等。这些费用都没有专门设立成本项目，应该在费用发生时，按照发生的车间、部门和用途，分别借记"制造费用""管理费用"等账户，贷记"银行存款"或"库存现金"等账户。

企业的各种要素费用通过上述分配，已经按照费用的用途分别记入"生产成本——基本生产成本""生产成本——辅助生产成本""制造费用""销售费用""管理费用""财务费用"和"在建工程"等账户的借方。其中记入"生产成本——基本生产成本"账户借方的费用，已经分别记入各有关产品生产成本明细账的"直接材料""燃料及动力"和"直接人工"等成本项目。

任务二　辅助生产费用的归集和分配

一、辅助生产费用的归集

企业辅助生产部门在产品和劳务供应过程中发生的各种耗费，构成了这些产品或劳务的成本。但是对于耗用这些产品或劳务的基本生产部门来说，其产品或劳务的成本又是一种费用，即辅助生产费用。辅助生产费用的归集程序取决于辅助生产部门的生产特点。在只生产一种产品或提供单一劳务的辅助生产部门，其所发生的费用都属于直接费用，因而在发生时可直接计入该产品或劳务的有关成本项目，因此，其成本归集的程序比较简单。在提供多品种产品或劳务的辅助生产部门，所发生的费用需由两个或两个以上的产品或劳务负担，需将共同费用在不同的受益对象之间进行分配。

辅助生产费用的归集和分配是通过"生产成本——辅助生产成本"账户进行的。一般应按车间、产品种类或劳务的种类设置明细账，账内可按成本项目或费用项目设置专栏，进行明细核算。对于直接用于辅助生产产品或提供劳务的费用，应记入"生产成本——辅助生产成本"账户的借方，对于单设"制造费用"账户的辅助生产车间，发生的制造费用，应先记入"制造费用——辅助生产车间"账户，再直接转入或分配转入"生产成本——辅助生产成本"账户及其明细账，计算辅助生产的产品或劳务的成本。辅助生产完工的产品或劳务的成本，经过分配后从"生产成本——辅助生产成本"账户的贷方转出，期末如有借方余额，则为辅助生产车间的在产品成本。

有的企业辅助生产车间规模较小，发生的制造费用较少，辅助生产车间也不对外销售产品或提供劳务，不需要按照规定的成本项目计算辅助生产产品成本。为简化核算，辅助生产车间的制造费用可以不单独设置"制造费用——辅助生产车间"明细账，不通过"制造费用"账户进行汇总，而直接记入"生产成本——辅助生产成本"账户。这样，"生产成本——辅助生产成本"明细账按照成本项目与费用相结合设置专栏，而不是按成本项目设置专栏。

由于辅助生产车间所生产的产品和提供劳务的种类不同，转出和分配费用的程序方法也不一样。辅助生产车间所生产的工具、模具、修理备用件等产品的成本，应在完工入库时，计算并结转为存货成本，即从"生产成本——辅助生产成本"账户的贷方转入"原材料"等账户的借方，再根据其用途转入其他账户。辅助生产车间提供的不能入库的产品和劳务，如水、电、运输等发生的费用，需在各受益对象之间按照受益数量或其他有关比例进行分配。分配时应从"生产成本——辅助生产成本"账户和所属明细账的贷方，转入"生产成本——基本生产成本""制造费用""管理费用""销售费用"和"在建工程"等账户的借方。

正确、及时地归集辅助生产费用，计算辅助生产成本，分配辅助生产费用，对于正确、及时地计算基本生产成本和归集期间费用具有重要的意义。

二、辅助生产费用归集的账务处理

辅助生产费用的归集和分配是通过"生产成本——辅助生产成本"账户进行的。该账户与"生产成本——基本生产成本"账户性质基本相同，一般应按辅助生产车间下设明细，再按产品或劳务种类设置明细账，账中按照成本项目或费用设立专栏进行明细核算。辅助生产发生的各项生产费用，应记入账户的借方归集。

(一)设置"制造费用(辅助生产车间)"账户

在辅助生产对外提供商品，且辅助生产车间的制造费用数额较大的情况下，企业设置专门的"制造费用(辅助生产车间)"明细账归集辅助生产车间发生的制造费用，月末再将其转入相应的"生产成本——辅助生产成本"总账和所属明细账，从而计入辅助生产产品或劳务的成本。

(二)不设置"制造费用(辅助生产车间)"账户

在辅助生产不对外提供商品，且辅助生产车间的制造费用数额较小的情况下，为了简化核算，企业可以不设置专门的"制造费用(辅助生产车间)"明细账归集辅助生产车间发生的制造费用，而是直接记入"生产成本——辅助生产成本"总账以及所属明细账。

三、辅助生产费用的分配

制造企业辅助生产部门为生产部门提供劳务和产品而发生的费用,应当参照生产成本项目归集,并按照合理的分配标准分配计入各成本核算对象的生产成本。

为了将辅助生产费用正确地分配给各受益单位,通常需要编制辅助生产费用分配表分配辅助生产费用。辅助生产费用的分配方法通常采用直接分配法、交互分配法、顺序分配法、计划成本分配法和代数分配法等。

(一)直接分配法

直接分配法是指将各辅助生产车间发生(归集)的费用,直接分配给各辅助生产车间以外的各受益单位,而对于辅助生产车间相互提供产品和劳务的费用则不进行分配。

相关计算公式如下:

$$费用分配率 = \frac{该辅助生产车间待分配的费用}{该辅助生产车间提供的产品或劳务总量 - 其为其他辅助生产车间提供的产品或劳务量}$$

各受益单位应分配的费用 = 该受益单位耗用的产品或劳务量 × 分配率

【例 3-9】 华中企业有供电、运输两个辅助生产车间,201×年 12 月各辅助生产车间产品、劳务供应情况及发生费用如表 3-9 所示。

表 3-9　劳务供应及费用汇总表

201×年 12 月

供应单位 受益单位		供电车间/千瓦时	运输车间/工时
供电车间			200
运输车间		5600	
基本生产车间	甲产品	60 000	4000
	乙产品	100 000	3200
	一般耗用	20 000	1600
行政管理部门		20 000	800
合　计		205 600	9800
本月发生辅助生产费用/元		84 000	19 200

根据上述资料,采用直接分配法对辅助生产费用进行分配,辅助生产费用分配表如表 3-10 所示。

表 3-10　辅助生产费用分配表(直接分配法)

201×年 12 月

项　目	供电车间	运输车间	合　计
待分配辅助生产费用/元	84 000	19 200	103 200
供应辅助生产以外的劳务数量	200 000 千瓦时	9600 小时	
单位成本(分配率)	0.42 元/千瓦时	2 元/小时	

项 目		供电车间	运输车间	合 计
基本生产车间——甲产品	耗用数量	60 000 千瓦时	4000 小时	
	分配金额/元	25 200	8000	33 200
基本生产车间——乙产品	耗用数量	100 000 千瓦时	3200 小时	
	分配金额/元	42 000	6400	48 400
基本生产车间	耗用数量	20 000 千瓦时	1600 小时	
	分配金额/元	8400	3200	11 600
行政管理部门	耗用数量	20 000 千瓦时	400 小时	
	分配金额/元	8400	1600	10 000
合计/元		84 000	19 200	103 200

注：小数尾差倒挤到管理费用中。

其中：供电车间费用分配率 = 84 000÷200 000 = 0.42(元/千瓦时)

运输车间费用分配率=19 200÷9 600 = 2(元/小时)

根据表 3-10，编制会计分录如下。

借：生产成本——基本生产成本——甲产品　　　　　33 200

　　　　　　　　　　　　　——乙产品　　　　　48 400

　　制造费用——基本生产车间　　　　　　　　　11 600

　　管理费用　　　　　　　　　　　　　　　　　10 000

　　贷：生产成本——辅助生产成本——供电车间　　　　　84 000

　　　　　　　　　　　　　　　——运输车间　　　　　19 200

在直接分配法下，各辅助生产车间只需对辅助生产车间以外的受益单位分配一次费用，因此采用这种方法计算较为方便。但由于各辅助生产车间分配费用时只考虑辅助生产车间以外的受益单位，因而分配结果并不准确，此方法一般只适用于辅助生产车间之间相互提供劳务不多的企业。

(二)交互分配法

交互分配法是对辅助生产车间发生的费用进行两次分配，第一次分配，先将辅助生产车间发生的费用在辅助生产车间之间进行交互分配；第二次分配，将辅助生产车间交互分配后的费用分配给辅助生产车间以外的受益对象。

相关计算公式如下：

第一步，在各辅助生产车间之间进行交互分配。

$$交互分配前某产品或劳务分配率 = \frac{该辅助生产车间交互分配前的费用}{各受益单位耗用的劳务量之和}$$

辅助生产车间应分配的其他辅助生产费用 = 该辅助生产车间耗用的产品或劳务数量×交互分配前某产品或劳务的分配率

第二步，将各辅助生产车间发生的费用，加上交互分配转入的费用，减去交互分配转出的费用，然后对辅助生产车间以外的受益单位进行分配。

某辅助生产车间交互分配后的实际费用=该辅助生产车间交互分配前的费用+该辅助生产车间分配转入的费用-该辅助生产车间分配转出的费用

$$对外分配某产品或劳务分配率 = \frac{该辅助生产车间交互分配后的实际费用}{辅助生产车间以外受益单位耗用的劳务量之和}$$

【例 3-10】承例 3-9，采用交互分配法对辅助生产车间费用进行分配，辅助生产费用分配表如表 3-11 所示。

表 3-11　辅助生产费用分配表(交互分配法)

201×年 12 月

项　目		供电车间			运输车间			合计/元
		数量/千瓦时	分配率/(元/千瓦时)	分配金额/元	数量/小时	分配率/(元/小时)	分配金额/元	
待分配辅助生产费用		205 600	0.4086	84 000	9800	1.9592	19 200	
交互分配	辅助生产——供电车间				200	1.9592	391.84	
	辅助生产——运输车间	5600	0.4086	2288.16				
对外分配的辅助生产费用		200 000	0.4105	82 103.68	9600	2.1975	21 096.32	
对外分配	基本生产——甲产品	60 000		24 630	4000		8 790	33 420
	基本生产——乙产品	100 000		41 050	3200		7 032	48 082
	基本生产车间	20 000		8 210	1600		3 516	11 726
	管理部门	20 000		8213.68	800		1 758.32	9972
	合　计	200 000		82 103.68	9600		21 096.32	103 200

注：小数尾差倒挤到管理费用中。

交互分配前供电车间的分配率=84 000÷205 600 = 0.4086(元/千瓦时)
交互分配前运输车间的分配率=19 200÷9800 = 1.9592(元/小时)
供电车间应分配运输车间费用=200 × 1.9592 = 391.84(元)
运输车间应分配供电车间费用=5600 × 0.4086 = 2288.16(元)
供电车间交互分配后的实际费用=84 000 + 391.84 −2 288.16 =82 103.68(元)
运输车间交互分配后的实际费用=19 200 + 2288.16−391.84= 21 096.32(元)
交互分配后供电车间的分配率=82 103.68÷200 000 = 0.4105(元/千瓦时)
交互分配后运输车间的分配率=21 096.32÷9600 = 2.1975(元/小时)
根据表 3-11，编制会计分录如下。

(1) 交互分配。
借：生产成本——辅助生产成本——供电车间　　　　　391.84
　　　　　　　　　　　　　　　——运输车间　　　　2288.16
　　贷：生产成本——辅助生产成本——供电车间　　　　　2288.16
　　　　　　　　　　　　　　　——运输车间　　　　　391.84

(2) 对外分配。
借：生产成本——基本生产成本——甲产品　　　33 420
　　　　　　　　　　　　　　——乙产品　　　48 082
　　制造费用——基本生产车间　　　　　　　11 726

管理费用   9972

  贷：生产成本——辅助生产成本——供电车间   82 103.68

            ——运输车间   21 096.32

  交互分配法考虑了辅助生产车间之间相互提供劳务而发生的费用结转情况，提高了辅助生产费用分配的准确性，便于考核各辅助生产车间耗费水平。但由于采用交互分配法需计算两次分配率，进行两次分配，从而使得分配计算的工作量有所增加。因此，交互分配法适用于各辅助生产车间之间相互提供产品或劳务较多的企业。

(三)顺序分配法

  顺序分配法是指企业按各辅助生产车间相互之间受益的多少确定辅助生产费用的分配顺序，受益少的排在前面，受益多的排在后面。将排在后面的辅助生产车间费用进行分配时，应在原来发生费用的基础上加上排在前面的辅助生产车间分配转入的费用。每个辅助生产车间的费用只对排在其后的辅助生产车间及其他受益单位进行分配，而不考虑列在其前面的各辅助生产车间相互耗用劳务的因素。

  相关计算公式如下：

$$前者的费用分配率 = \frac{该辅助生产车间待分配费用}{该辅助生产车间提供的劳务总量}$$

$$后者的费用分配率 = \frac{该辅助生产车间待分配费用 + 从其他辅助生产车间分来的费用}{该辅助生产车间除前面辅助生产车间以外其他受益对象提供的劳务量}$$

  【例 3-11】承例 3-9，采用顺序分配法对辅助生产费用进行分配。辅助生产费用分配表如表 3-12 所示。

表 3-12 辅助生产费用分配表(顺序分配法)

201×年 12 月

项　目		供电车间		运输车间		合计/元
		供应数量/千瓦时	分配金额/元	供应数量/小时	分配金额/元	
直接发生的费用			84 000		19 200	
分配转入的费用					2288.16	
待分配费用			84 000		21 488.16	
劳务总量		205 600		9600		
费用分配率			0.4086		2.2384	
受益对象	供电车间					
	运输车间	5600	2288.16			2288.16
	甲产品	60 000	24 516	4000	8953.6	33 469.6
	乙产品	100 000	40 860	3200	7162.88	48 022.88
	基本生产车间	20 000	8172	1600	3581.44	11 753.44
	行政管理部门	20 000	8163.84	800	1790.24	9954.08

注：小数尾差倒挤到管理费用中。

供电车间费用分配率=84 000÷205 600=0.4086(元/千瓦时)

运输车间费用分配率=(19 200+2288.16)÷(9800-200)=2.2384(元/小时)

根据表3-12，编制会计分录如下。

借：生产成本——基本生产成本——甲产品　　　　　33 469.6

　　　　　　　　　　　　　——乙产品　　　　　48 022.88

　　制造费用——基本生产车间　　　　　　　　　11 753.44

　　管理费用　　　　　　　　　　　　　　　　　9954.08

　　生产成本——辅助生产成本——运输车间　　　2288.16

　　贷：生产成本——辅助生产成本——供电车间　　　　84 000

　　　　　　　　　　　　　　　　——运输车间　　　　21 488.16

采用顺序分配法分配辅助生产费用的优点是计算方法简便。但是，由于排列在前的辅助生产车间不负担耗用排列在后的辅助生产车间的费用，分配结果的准确性受到一定的影响。该分配方法适用于辅助生产车间之间相互耗用的劳务金额相差较大的企业。

(四)计划成本分配法

计划成本分配法是指企业对辅助生产车间生产的产品或劳务，按照事先确定的计划单位成本和各受益单位的劳务耗用量计算分配辅助生产费用的一种方法。

采用计划成本分配法分配费用时，需要分两个步骤进行。

第一步，首先根据各单位接受产品或劳务的数量，分别乘以计划单位成本，计算分配各受益单位的分配金额。

第二步，将各单位实际发生的费用(在分配之前已归集的费用和交互分配转入的费用)，与按计划成本分配转出的费用之间的差额，追加分配给辅助生产以外的各受益单位(差额较大时)或全部计入管理费用(差额较小时)。

相关计算公式如下：

受益单位应分配的辅助生产费用=辅助生产计划单位成本×该受益单位接受辅助生产的劳务数量

辅助车间按计划单位成本分配的费用总额=该辅助生产车间提供的劳务总量×该辅助生产车间的计划单位成本

辅助生产车间实际发生的费用总额=该辅助生产车间待分配费用+从其他辅助生产车间按计划成本转入的费用

辅助生产车间提供劳务的成本差异=该辅助生产车间实际发生的费用总额-该辅助车间按计划成本分配的费用额

【例 3-12】承例 3-9，采用计划成本分配法对辅助生产费用进行分配，辅助生产费用分配表如表3-13所示。

高职高专会计专业规划教材

表 3-13 辅助生产费用分配表(计划成本分配法)

201×年 12 月

受益单位 \ 供应单位	供电车间		运输车间		合计 /元
	数量 /千瓦时	金额/元	数量 /小时	金额/元	
待分配数量和费用	205 600	84 000	9800	19 200	103 200
计划单位成本		0.41 元/千瓦时		2 元/小时	
辅助生产车间 供电车间			200	400	400
辅助生产车间 运输车间	5600	2296			2296
基本生产车间 甲产品	60 000	24 600	4000	8000	32 600
基本生产车间 乙产品	100 000	41 000	3200	6400	47 400
基本生产车间 一般耗用	20 000	8200	1600	3200	11 400
行政管理部门	20 000	8200	800	1600	9800
按计划成本分配金额		84 296		19 600	
辅助生产实际成本		84 400		21 496	
辅助生产成本差异		104		1896	2000

供电车间实际成本=84 000+400=84 400(元)

运输车间实际成本=19 200+2296=21 496 (元)

供电车间应结转的金额=42 148-1148=41 000(元)

运输车间应结转的金额=9800-200=9 600(元)

根据表 3-13,编制会计分录如下。

(1) 按计划成本分配。

借:生产成本——基本生产成本——甲产品　　32 600

　　　　　　　　　　　　　　——乙产品　　47 400

　　制造费用——基本生产车间　　11 400

　　管理费用　　　　　　　　　　9800

　　贷:生产成本——辅助生产成本——供电车间　　82 000

　　　　　　　　　　　　　　——运输车间　　19 200

(2) 调整辅助生产成本差异。

借:管理费用　　　　　　　　　　　　　2000

　　贷:生产成本——辅助生产成本——运输车间　　104

　　　　　　　　　　　　　　——供电车间　　1896

采用计划成本分配法对辅助生产费用进行分配,因为是按照事先确定的计划单位成本进行分配,不需要再单独计算费用分配率,所以简化了计算分配工作量;通过辅助生产成本节约或超支数额的计算,还能反映和考核辅助生产成本计划的执行情况;此外,按照计划单位成本分配,排除了辅助生产实际费用的高低对各受益单位成本费用的影响,便于考核和分析各受益单位的经济责任。

采用计划成本法时，必须注意计划单位成本的准确性，这种方法一般只适合于制订的计划单位成本比较准确的企业。也正因为如此，费用分配的差额一般不会很大，可全部计入管理费用。所以采用这种分配方法，其结果是否准确，主要取决于计划单位成本的准确程度。

(五)代数分配法

代数分配法是根据代数中多元一次联立方程的原理，在辅助生产车间之间相互提供产品或劳务情况下的一种辅助生产成本费用的分配方法。

采用代数分配法的基本步骤如下。

第一步：将各辅助生产车间提供的产品或劳务的单位成本设为未知数，并根据辅助生产车间之间相互提供交互服务关系建立方程组。

第二步：解方程组，求出辅助生产产品或劳务的单位成本。

第三步：用各单位成本乘以受益部门的耗用量，求出各受益部门应分配的辅助生产费用。

【例 3-13】承例 3-9，采用代数分配法对辅助生产费用进行分配。

设 X 为每单位电力成本，Y 为每单位运输的成本，建立联立方程如下。

$$\begin{cases} 84\,000+200Y = 205\,600X \\ 19\,200 + 9600X = 9800Y \end{cases}$$

求解得

$$\begin{cases} X = 0.4107 \\ Y = 2.1939 \end{cases}$$

根据以上计算结果，编制辅助生产费用分配表如表 3-14 所示。

表 3-14　辅助生产费用分配表(代数分配法)

201×年 12 月

受益单位	供应单位	供电车间 数量/千瓦时	供电车间 金额/元	运输车间 数量/小时	运输车间 金额/元	合计 /元
辅助生产车间	供电车间			200	438.78	438.78
辅助生产车间	运输车间	5600	2299.92			2299.92
基本生产车间	甲产品	60 000	24 642	4000	8775.6	33 417.6
基本生产车间	乙产品	100 000	41 070	3200	7020.48	48 090.48
基本生产车间	一般耗用	20 000	8214	1600	3510.24	11 724.24
行政管理部门		20 000	8212.86	800	1754.82	9967.68
合　　计		205 600	84 438.78	9800	21 499.92	105 938.7

注：小数尾差倒挤到管理费用中。

供电车间实际成本=84 000+438.78=84 438.78(元)

运输车间实际成本=19 200+2299.92=21 499.92(元)

根据表3-14，编制会计分录如下。

借：生产成本——基本生产成本——甲产品　　　　　33 417.6

　　　　　　　　　　　　　——乙产品　　　　　48 090.48

　　生产成本——辅助生产成本——供电车间　　　　438.78

　　　　　　　　　　　　　——运输车间　　　　2299.92

　　制造费用——基本生产车间　　　　　　　　　11 724.24

　　管理费用　　　　　　　　　　　　　　　　　9967.68

　　贷：生产成本——辅助生产成本——供电车间　　　　84 438.78

　　　　　　　　　　　　　——运输车间　　　　21 499.92

采用代数分配法对辅助生产费用进行计算和分配，其结果最为准确。但在辅助生产车间较多的情况下，未知数较多，计算的工作量较大，所以代数分配法适用于辅助生产车间不多或已实现电算化的企业。

任务三　制造费用的归集和分配

一、制造费用的概念

制造费用是指企业内部各生产单位(如分厂、车间)为生产产品或提供劳务而发生的，应该计入产品成本，但没有专设成本项目的各项间接费用。企业计入产品成本的费用中除直接材料、直接人工之外的费用，一般都包括在制造费用中。

制造费用包括的内容具体可划分为以下三部分。

(一)间接材料费用

间接材料费用是指企业内部各生产单位(如分厂、车间)耗用的一般性消耗材料，如机物料消耗、低值易耗品摊销等。

(二)间接人工费用

间接人工费用是指企业内部各生产单位(如分厂、车间)，除生产工人之外的管理人员、工程技术人员、车间辅助人员、清洁工、维修工、搬运工等的工资及按照上述人员工资的一定比例提取的福利费等。

(三)其他制造费用

其他制造费用是指企业内部各生产单位(如分厂、车间)发生的不属于材料和人工的各种与产品生产有关的费用，包括房屋、建筑物、机器设备的折旧费、水电费、办公费、无形资产摊销、劳动保护费、国家规定的有关环保费用、季节性停工和修理期间的停工损失等。

制造费用中的间接生产费用占大部分，如机物料消耗、分厂或车间辅助人员的工资及福利费；也有一部分是直接生产费用，但管理上不要求单独核算，因此也不需要专设成本项目，如机器设备的折旧费；制造费用中如车间管理用房屋、机器设备的折旧费，管理人员工资及福利费，无形资产摊销，国家规定的有关环保费用等，虽然有管理费用的性质，但很难与制造费用严格划分，为简化核算工作，这些费用也作为制造费用核算。

二、制造费用的归集

需要设置"制造费用"账户并按车间设置明细账来反映和监督企业各生产单位在一定时期内为组织和管理生产所发生的制造费用及其分配情况。制造费用发生时，记入该账户的借方；进行分配结转时，记入该账户的贷方；本账户月末一般无余额。

"制造费用"账户应按生产单位分别设置明细账，并在账内按照费用项目设立专栏或专户，分别反映各生产单位各项制造费用的发生情况。

基本生产车间发生的制造费用，根据有关的付款凭证、转账凭证及各种费用分配表，借记"制造费用——基本生产车间"科目，贷记"原材料""应付职工薪酬""累计折旧""银行存款"等科目。期末，将"制造费用——基本生产车间"科目归集的制造费用按照一定的标准，分配结转至"生产成本——基本生产成本"科目。

【例 3-14】 以华中企业 201×年 12 月份第一生产车间发生的经济业务为例说明制造费用归集的账务处理。

(1) 分配车间管理人员工资费用 66 000 元，各种福利费 9240 元。月末根据工资及福利费分配表，编制如下会计分录。

借：制造费用——第一生产车间　　　　　　　75 240
　　贷：应付职工薪酬——工资　　　　　　　　66 000
　　　　　　　　　　　——职工福利　　　　　9240

(2) 本月第一生产车间固定资产应计提折旧费 66 990 元。月末根据固定资产折旧分配表，编制如下会计分录。

借：制造费用——第一生产车间　　　　　　　66 990
　　贷：累计折旧　　　　　　　　　　　　　　66 990

(3) 第一生产车间本月以银行存款 2400 元购买办公用品，根据购货发票，编制如下会计分录。

借：制造费用——第一生产车间　　　　　　　2400
　　贷：银行存款　　　　　　　　　　　　　　2400

(4) 第一生产车间本月领用低值易耗品价值 1050 元，低值易耗品的领用采用一次摊销法核算，月末编制如下会计分录。

借：制造费用——第一生产车间　　　　　　　1050
　　贷：周转材料——低值易耗品　　　　　　　1050

(5) 本月 28 日以银行存款为第一生产车间支付其他费用 5000 元。根据付款凭证，编制如下会计分录。

借：制造费用——第一生产车间　　　　　　　5000

贷：银行存款   5000

(6) 月末将本月第一生产车间发生的制造费用 150 680 元进行结转，转入基本生产成本账户，编制如下会计分录。

借：生产成本——基本生产成本   150 680

贷：制造费用——第一生产车间   150 680

根据以上经济业务，逐笔登记按车间和费用项目开设的制造费用明细账。

三、制造费用的分配

企业在某一会计期间将发生的制造费用归集到制造费用总账及明细账中，会计期末应选择适当的分配方法将制造费用分配到相关产品的成本中。在生产单一产品的车间，制造费用可以直接计入产品成本中；在生产多种产品的车间，制造费用则应该按照适当的分配方法分配计入各种产品成本。

制造费用的分配方法主要有两种：一是实际分配率法，二是年度计划分配率分配法。

(一)实际分配率法

实际分配率法是在会计期间终了时，根据制造费用账户归集发生额，按照一定的分配标准，据以分配计入产品成本的方法。其计算公式为

制造费用分配率=制造费用总额÷分配标准总额

公式中的分配标准通常有生产工人工时、生产工人工资和机器工时。

1. 生产工人工时比例分配法

生产工人工时比例分配法是按照各种产品所用生产工人工时的比例分配制造费用的一种方法。其计算公式如下：

制造费用分配率=制造费用总额÷各种产品生产工人工时总数

某种产品应负担的制造费用=该种产品的生产工时数×制造费用分配率

【例 3-15】 华中企业生产甲、乙、丙三种产品。201×年 12 月已归集在"制造费用——基本生产车间"账户借方的制造费用合计为 26 004 元。甲产品生产工时为 3260 小时，乙产品生产工时为 2750 小时，丙产品生产工时为 2658 小时。要求按生产工人工时比例法分配制造费用。

制造费用分配率=26 004÷(3260+2750+2658)=3(元/小时)

甲产品应负担的制造费用=3260×3=9780(元)

乙产品应负担的制造费用=2750×3=8250(元)

丙产品应负担的制造费用=2658×3=7974(元)

按照生产工人工时比例法编制制造费用分配表如表 3-15 所示。

表 3-15　制造费用分配表(生产工人工时比例法)

201×年 12 月

应借科目		生产工时/小时	分配率/(小时/元)	分配金额/元
基本生产成本	甲产品	3260		9780
	乙产品	2750		8250
	丙产品	2658		7974
合　　计		8668	3	26 004

根据表 3-15，编制会计分录如下。

借：生产成本——基本生产成本——甲产品　　9780

　　　　　　　　　　　　——乙产品　　8250

　　　　　　　　　　　　——丙产品　　7974

　　贷：制造费用　　　　　　　　　　　　26 004

按照生产工人工时比例法分配制造费用，将产品负担的制造费用多少与劳动生产率高低联系起来。如果劳动生产率提高，单位产品生产工时减少，所负担的制造费用相应降低，因此按生产工人工时比例分配是较为常用的一种分配方法。但是，如果生产各种产品的工艺过程机械化程度差异较大，采用生产工时作为分配标准，会使工艺过程机械化程度较低的产品(耗用生产工时多)负担过多的制造费用，致使分配结果不尽合理。因此，这种方法适用于机械化程度较低、工艺过程机械化程度大致相同的企业。

2. 生产工人工资比例分配法

生产工人工资比例分配法是指以各种产品或劳务的生产工人的工资为标准分配制造费用的一种方法。该方法的计算程序、原理与生产工人工时比例法相同，只是选取的分配标准不同。

3. 机器工时比例分配法

机器工时比例法是以各种产品生产所用机器设备运转时间的比例作为分配标准分配制造费用的一种方法。

其计算公式如下：

制造费用分配率=制造费用总额÷各种产品耗用的机器工时总数

某种产品应负担的制造费用=该产品的生产耗用机器工时数×制造费用分配率

对机械化、自动化程度较高的车间，其制造费用可以按机器设备的运转时间进行分配，也就是按各种产品使用机器设备的时间比例分配，这样可以使制造费用中的机器设备折旧费用、修理费用得到较合理的分摊。这是因为机械化、自动化程度高的车间，制造费用中机器设备的折旧费占相当大的比重，而这一部分费用与机器设备运转的时间有密切的联系。采用这种方法，必须取得各种产品所用机器工时的原始记录。因此，这种方法适用于机械化、自动化程度较高的企业。

高职高专会计专业规划教材

(二)年度计划分配率分配法

年度计划分配率分配法，是根据企业正常经营条件下的各生产车间或分厂的制造费用年度预算和年度计划产量的定额分配标准量，事先计算出各生产车间的制造费用计划分配率，然后根据计划分配率和各月实际产量的定额分配标准量，分配制造费用的一种分配方法。

按年度计划分配率分配是指无论各月实际发生的制造费用是多少，每个月中各种产品应分配的制造费用均按年度计划确定的计划分配率分配的一种方法。年度内如果发现全年制造费用的实际数和产品实际产量与计划数发生较大差额，则及时调整计划分配率。

其计算公式如下：

制造费用计划分配率=该车间或分厂年度制造费用预算总额÷该车间或分厂计划产量的定额工时

某种产品应负担的制造费用=该产品实际产量的定额工时×制造费用计划分配率

采用年度计划分配率分配法，可以随时计算已完工产品应负担的制造费用，简化了分配手续，核算工作简便。但该方法要求计划工作水平较高，否则计划分配额与实际发生额差异过大，就会影响产品成本计算的正确性。这种方法适用于季节性生产的企业，因为此方法不受淡月和旺月产量相差悬殊的影响，从而不会造成各种产品费用忽高忽低，便于进行成本分析。

【例 3-16】 华中企业第一生产车间全年制造费用计划为 2 240 000 元；全年产品的计划产量为甲产品 6000 件，乙产品 5000 件；单件产品的工时定额为甲产品 5 小时，乙产品 4 小时。2 月份实际产量为甲产品 860 件，乙产品 500 件；本月实际发生的制造费用为 126 930 元；"制造费用"账户 2 月份期初余额为 24 000 元。

(1) 各种产品年度计划产量的定额工时。

甲产品年度计划产量的定额工时=6000×5=30 000(小时)

乙产品年度计划产量的定额工时=5000×4=20 000(小时)

(2) 制造费用的年度计划分配率。

制造费用计划分配率=2 240 000÷(30 000+20 000)=44.8(元/小时)

(3) 各种产品本月实际产量的定额工时。

甲产品 2 月份实际产量的定额工时=860×5=4300(小时)

乙产品 2 月份实际产量的定额工时=500×4=2000(小时)

(4) 各种产品该月应分配的制造费用。

2 月份甲产品分配制造费用=4300×44.8=192 640(元)

2 月份乙产品分配制造费用=2000×44.8=89 600(元)

制造费用分配的会计分录如下。

借：生产成本——基本生产成本——甲产品　　　192 640

　　　　　　　　　　　　　　——乙产品　　　 89 600

　　贷：制造费用　　　　　　　　　　　　　　　　282 240

【例 3-17】　假定本年度实际发生制造费用 960 000 元，至年末累计已分配制造费用 972 000 元(其中甲产品已分配 324 000 元，乙产品已分配 648 000 元)，将"制造费用"账户的差额进行调整。

年末"制造费用"账户有贷方余额 12 000 元，应按已分配比例调整冲回。

甲产品应调减制造费用=12 000×(324 000÷972 000)=4000(元)

乙产品应调减制造费用=12 000×(648 000÷972 000)=8000(元)

调整分录如下。

借：制造费用　　　　　　　　　12 000

　　贷：生产成本——基本生产成本——甲产品　　4000

　　　　　　　　　　　　　　　——乙产品　　8000

任务四　废品损失和停工损失的核算

一、废品与废品损失的概念

(一)废品的概念及种类

废品是指不符合规定的技术标准，不能按照原定用途使用，或者需要加工修理才能使用的在产品、半成品或产成品。不论是在生产过程中发现的废品，还是在入库后发现的废品，都应包括在内。而成本会计中的废品指的是由于生产原因导致的不合格品。合格品入库后因保管不善、运输装卸不当或其他原因而发生的变质、损坏，不能按照原定用途使用，应作为产成品毁损处理，不应包括在废品之内。质量不符合规定的技术标准，但经检验部门检验，不需要返修即可降价出售或使用的产品，在实际工作中称为次品，次品在成本会计中也不做废品处理。

废品按产生原因不同可分为料废和工废两种。料废是由于材料不符合质量要求而造成的废品；工废则是由于工人操作原因，如操作违反规程、看错或绘错图纸等造成的废品。料废是由材料供应部门或前道车间的责任造成的，工废则是由生产车间的责任造成的。因此，区分废品是属于料废还是工废，有利于分清产生废品的责任。

废品按照能否修复和是否有必要修复可分为可修复废品和不可修复废品两类。可修复废品，是指经过修理可以使用而且所花费的修复费用在经济上合算的废品；不可修复废品，则指不能修复，或者所花费的修复费用在经济上不合算的废品。所谓经济上是否合算，是指修复费用是否超过重新制造同一产品的费用。

(二)废品损失的概念

废品损失是指在生产过程中发现的和入库后发现的不可修复废品的生产成本，以及可修复废品的修理费用，扣除收回的废品残料价值和应由过失单位和个人赔偿以后的损失。检验部门鉴定不需要返修、可以降价出售的不合格品，不应作为废品损失处理；实行包

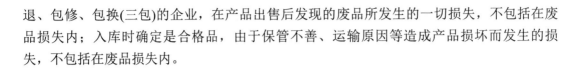

退、包修、包换(三包)的企业，在产品出售后发现的废品所发生的一切损失，不包括在废品损失内；入库时确定是合格品，由于保管不善、运输原因等造成产品损坏而发生的损失，不包括在废品损失内。

二、废品损失的核算

(一)账户设置

单独核算废品损失的企业应设置"废品损失"账户，并在"生产成本"账户下设置"废品损失"项目。"废品损失"账户按照车间和产品分别设置明细账，账内按成本项目设置专栏。该账户借方登记不可修复废品的生产成本和可修复废品的修复费用，贷方登记不可修复废品收回的残料价值和应向责任人索赔的数额，以及废品净损失的分配结转额。"废品损失"账户期末无余额。

(二)可修复废品损失的核算

可修复废品损失，是指可修复废品在返修过程中发生的各种修复费用。而可修复废品返修前发生的各项生产费用，在产品成本明细账中不必转出，因为它不被看作是废品损失。可修复废品返修发生的各种费用，应根据各种费用分配表，记入"废品损失"账户的借方；其回收的残料价值和应收回的赔款，应从"废品损失"账户的贷方转入"原材料"和"其他应收款"账户的借方；废品修复费用减去残料和赔款后的废品净损失，也应从"废品损失"账户的贷方转入"生产成本——基本生产成本"账户的借方；在所属有关的产品成本明细账中，记入"废品损失"项目。

在不单独核算废品损失的企业中，不设立"废品损失"账户和项目，只在回收废品残料时，借记"原材料"账户，贷记"生产成本——基本生产成本"账户，并从所属有关产品成本明细账的"原材料"成本项目中扣除残值价值。"生产成本——基本生产成本"账户和所属有关产品成本明细账归集的完工产品总成本，除以扣除废品数量以后的合格品数量，就是合格品的单位成本。这样核算很简便，但由于合格产品的各成本项目中都包括不可修复废品的生产成本和可修复废品的修复费用，没有对废品损失进行单独的反映，因而会对废品损失的分析和控制产生不利的影响。

(三)不可修复废品损失的核算

不可修复废品的损失是指不可修复废品的已耗生产成本减去废品残料价值、责任人赔偿款后的废品净损失。不可修复废品的已耗生产成本与合格品一起已经归集在相同产品的基本生产成本明细账中，所以要计算不可修复废品的已耗生产成本，必须从同种产品的基本生产成本明细账中转出。不可修复废品的生产成本，可按废品所耗实际费用计算，也可按废品所耗定额费用计算。

1. 不可修复废品成本按实际成本确定

在采用按废品所耗实际费用计算的方法时，由于废品报废以前发生的各项费用是与合格产品一起计算的，因而要将废品报废以前与合格品计算在一起的各项费用，采用适当的分配方法，在合格品与废品之间进行分配，计算出废品的实际成本，从"生产成本——基本生产成本"账户的贷方转入"废品损失"账户的借方。

如果废品是在完工以后发现的，这时单位废品负担的各项生产费用应与单位合格品完全相同，可按合格品产量和废品的数量比例分配各项生产费用，计算废品的实际成本。按废品的实际费用计算和分配废品损失符合实际，但核算工作量较大。

2. 不可修复废品成本按定额成本确定

按不可修复废品的数量和各项费用定额计算废品的定额成本，将废品的定额成本扣除废品残料回收价值，算出废品损失，而不考虑废品实际发生的费用。

按废品的定额费用计算废品的定额成本，由于费用定额事先规定，不仅计算工作比较简便，而且还可以使计入产品成本的废品损失数额不受废品实际费用水平高低的影响，从而有利于废品损失和产品成本的分析与考核。但是，采用这一方法计算废品生产成本，必须具备准确的消耗定额和费用定额资料。

【例 3-18】 华中企业第一生产车间 201×年 12 月生产乙产品的过程中，生产不可修复废品 20 件，按其所耗定额费用计算废品的生产成本。其原材料费用定额为 1200 元，已完成的定额工时共计 300 小时，每小时的费用定额为：工资及福利费 4.5 元，制造费用 11.5 元。回收废品残料计价 1500 元。根据上述资料，编制不可修复废品损失计算表，如表 3-16 所示。

表 3-16　不可修复废品损失计算表(按定额成本计算)

车间：第一生产车间　　　　　　　　　　201×年 12 月

产品：乙产品　　　　　　　　　　　　　　　　　　　废品数量：20 件

项　　目	原材料/元	定额工时/小时	工资及福利费/元	制造费用/元	成本合计/元
每件或每小时费用定额	1200		4.5	11.5	
废品定额成本	24 000	300	1350	3450	28 800
减：残料价值	1500				1500
废品损失	22 500		1350	3450	27 300

根据表 3-16，编制会计分录如下。

(1) 将废品生产成本从其所记的"生产成本——基本生产成本"账户和所属明细账的贷方转出。

借：废品损失——乙产品　　　　　　　　　　28 800
　　贷：生产成本——基本生产成本——乙产品　　28 800

(2) 回收废品残料价值。

借：原材料　　　　　　　　　　　　　　　　1500
　　贷：废品损失——乙产品　　　　　　　　　　1500

高职高专会计专业规划教材

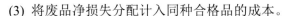

(3) 将废品净损失分配计入同种合格品的成本。

借：生产成本——基本生产成本——乙产品(废品损失)　27 300

　　贷：废品损失——乙产品　　　　　　　　　　　　　　　27 300

对入库后发现的废品，从理论上讲，应将废品成本从"库存商品"账户转回"生产成本——基本生产成本"明细账，然后再区分不可修复废品和可修复废品，按照前述方法进行核算。在实际工作中，为了简化核算手续，对不可修复废品的成本可以直接从"库存商品"账户转到"废品损失"账户，即借记"废品损失"账户，贷记"库存商品"账户；对于可修复废品，其成本仍保留在"库存商品"账户内，发生的修复费用直接记入"废品损失"账户。

为了加强对废品的控制，有必要区别正常范围内的废品和超过正常范围的废品。所谓"正常范围内的废品"，是指在目前技术条件和管理水平下允许发生废品的限度。有的企业虽然在技术上能够消除废品，但若为减少废品所付出的代价大于发生的废品损失，经济上就不合算。因此，对这种产品应允许存在一定限度的废品。对于正常范围内的废品，一般不进一步追查原因；对于超过正常范围的废品，应及时查明原因，积极采取措施，防止成本超支。

三、停工损失的核算

停工损失是指生产车间在停工期间发生的各项费用，包括停工期间发生的原材料费用、工资及福利费和制造费用等。应由过失单位或保险公司负担的赔款，应从停工损失中扣除。为了简化核算工作，停工不满一个工作日的一般不计算停工损失。

发生停工的原因很多，如电力中断、原材料不足、机器设备发生故障、发生非常灾害以及计划减产等，都可能引起停工。可以取得赔偿的停工损失，应该索赔；由于自然灾害等引起的非正常停工损失，应计入营业外支出；其他停工损失，如季节性和固定资产修理期间的停工损失，不作为停工损失核算，应计入产品成本。

在停工时，车间应该填列停工报告单，并在考勤记录中进行登记。会计部门和车间核算人员，应对停工报告单所列停工范围、时数及其原因和过失单位等事项进行审核。只有经过审核的停工报告单，才能作为停工损失核算的根据。

为了单独核算停工损失，在会计账户中应增设"停工损失"账户；在成本项目中应增设"停工损失"项目。

"停工损失"账户是为了归集和分配停工损失而设立的。该账户应按车间设立明细账，账内按成本项目分设专栏或专行，进行明细核算。停工期间发生的应该计入停工损失的各种费用，都应在该账户的借方归集：借记"停工损失"账户，贷记"原材料""应付职工薪酬""制造费用"等账户。因此，在单独核算停工损失的企业中，在编制各种费用分配表时，应该将属于停工损失的费用，加填借记"停工损失"账户的行次；而在制造费用的费用项目中，则可不再设立"季节性修理期间停工损失"费用项目。

归集在"停工损失"账户借方的停工损失，其中应取得赔偿的损失和应计入营业外支出的损失，应从该账户的贷方分别转入"其他应收款"和"营业外支出"账户的借方；应计入产品成本的损失，则应从该账户的贷方分别转入"生产成本——基本生产成本"账户的借方。应计入产品成本的停工损失，如果停工的车间只生产一种产品，应直接记入该种产品成本明细账的"停工损失"项目；如果停工的车间生产多种产品，则应采用适当的分配方法(如采用类似于分配制造费用的方法)，分配记入该车间各种产品成本明细账的"停工损失"项目。通过上述归集和分配，"停工损失"账户应无月末余额。

在不单独核算停工损失的企业中，不设立"停工损失"账户和项目，停工期间发生的属于停工损失的各种费用，直接记入"制造费用"和"营业外支出"等账户。这样核算很简便，但对于停工损失的分析和控制会产生不利的影响。辅助生产车间由于规模一般不大，为了简化核算工作，都不单独核算废品损失和停工损失。

【例 3-19】 华中企业 201×年 12 月生产 A 产品，当月发生停工损失 2230 元，其中：工资薪酬 1710 元，制造费用 520 元。经批准该损失应由过失人赔偿 300 元，非常灾害损失 800 元。

(1) 发生停工损失时。

借：停工损失——A 产品　　2230

　　贷：应付职工薪酬　　　　　　1710

　　　　制造费用　　　　　　　　520

(2) 结转过失人赔款。

借：其他应收款——过失人　　300

　　贷：停工损失——A 产品　　　　300

(3) 结转非常灾害损失。

借：营业外支出　　　　　　　800

　　贷：停工损失——A 产品　　　　800

(4) 结转停工净损失。

借：生产成本——基本生产成本——A 产品　　1130

　　贷：停工损失——A 产品　　　　　　　　　1130

若停工车间生产多种产品，则应采取适当的分配方法，分配计入该车间各种产品成本明细账的"停工损失"成本项目。

项 目 小 结

本项目主要讲述生产费用的归集和分配，具体包括材料费用、人工费用、动力费用、折旧费用、辅助生产费用和制造费用及生产损失等内容。材料费用在产品成本构成中占有重要地位，是费用要素核算的重点内容之一。对材料费用的核算就是对生产过程中耗费的材料根据领料凭证归集到有关成本计算对象中。归集时直接耗费直接计入产品成本，几种产品的共同耗费采用适当的分配标准分配计入各产品成本。分配的标准可以用产品的重量比例分配，也可以用产品的材料定额消耗量或定额费用的比例分配。分配标准的选择以合理负担为原则。人工成本包括企业在职工在职期间和离职后给予的所有货币性薪酬和非货币性福利。生产工人工资计入产品成本的方法,直接为生产某产品而耗费的工人工资直接计入该种产品的成本;生产几种产品共同耗费的工人工资可以按产品的生产工时分配计入各种产品生产成本。辅助生产费用是辅助生产部门在提供辅助产品和劳务过程中发生的各种耗费,分配方法主要有:直接分配法、交互分配法、顺序分配法、计划成本分配法和代数分配法等。制造费用是企业为生产产品而发生的,应该计入产品成本,但没有专设成本项目的各项生产费用,包括企业生产部门管理人员的职工薪酬、折旧费、办公费、水电费、机物料消耗、劳动保护费、季节性和修理期间的停工损失等,在会计报告期末要采用适当的方法分配到有关的产品成本中。制造费用可按生产工人工时比例分配法、生产工人工资比例分配法、机器工时比例分配法或年度计划分配率分配法等方法分配给不同产品。

练 习 题

一、单项选择题

(1) 应计入产品成本,但不专设成本项目的各项费用,应(   )。

 A. 直接计入当期损益

 B. 作为管理费用处理

 C. 作为制造费用处理,期末再通过分配计入产品成本

 D. 直接计入"生产成本"账户

(2) 制造成本不包括(   )。

 A. 直接材料 B. 直接人工 C. 制造费用 D. 管理费用

(3) 单位产品可以消耗的材料数量限额称为(   )。

 A. 材料定额耗用量   B. 材料实际耗用量

 C. 材料消耗定额   D. 材料计划耗用量

(4) 交互分配法是将辅助生产费用先在(   )之间进行一次交互分配,然后再进行对外分配。

 A. 企业各生产单位   B. 企业各生产车间

 C. 企业各辅助生产车间   D. 辅助生产车间和基本生产车间

(5) 采用辅助生产费用分配的交互分配法,对外分配的费用总额是(   )。

 A. 交互分配前的费用

 B. 交互分配前的费用加上交互分配转入的费用

 C. 交互分配前的费用减去交互分配转出的费用

 D. 交互分配前的费用加上交互分配转入的费用,减去交互分配转出的费用

(6) 计划成本分配法是将辅助生产费用按照提供劳务的数量和计划单位成本(   )进行分配的方法。

 A. 在受益单位之间

 B. 在辅助生产车间以外的受益单位之间

 C. 在辅助生产车间之间

D. 先通过交互分配算出辅助生产车间的实际费用分配率，再对外部的受益单位分配

(7) 采用计划成本分配法分配辅助生产费用时，辅助生产车间实际发生的费用应该是( )。

A. 该车间待分配费用减去分配出去的费用

B. 该车间待分配费用加上分配转入的费用

C. 该车间待分配费用加上分配转出的费用减去分配转入的费用

D. 该车间待分配费用加上分配转入的费用减去分配转出的费用

(8) 辅助生产费用分配结果最准确的分配方法是( )。

A. 计划成本分配法 B. 顺序分配法

C. 代数分配法 D. 交互分配法

(9) 可修复废品在返修过程中所发生的修理用材料费、工资、应负担的制造费用等扣除过失人赔偿额后的净支出属于( )。

A. 修复费用 B. 报废损失 C. 废品 D. 停工损失

(10) 因季节性生产和固定资产修理而引起的停工期间发生的一切费用，计入( )账户。

A. 生产成本——基本生产成本 B. 生产成本——辅助生产成本

C. 制造费用 D. 停工损失

二、多项选择题

(1) 下列各项中，属于直接计入费用的是( )。

A. 甲产品耗用的原材料费用 B. 乙产品耗用的原材料费用

C. 甲、乙产品共同耗用的原材料费用 D. 甲产品生产车间的折旧费

(2) 对于几种产品共同耗用的原材料，常用的分配方法有( )。

A. 定额费用比例法 B. 定额耗用量比例法

C. 生产工时法 D. 机器工时法

(3) 企业基本生产车间所发生的各项费用，在记入"生产成本——基本生产成本"账户的借方时，对应贷方账户可能有( )。

A. 原材料 B. 生产成本——辅助生产成本

C. 制造费用 D. 管理费用

(4) 在下列方法中，属于辅助生产费用分配方法的有( )。

A. 交互分配法 B. 代数分配法 C. 定额比例法 D. 直接分配法

(5) 下列关于交互分配法的表述中，不正确的是( )。

A. 交互分配法需进行两次分配

B. 交互分配法首先进行对外分配

C. 交互分配法的分配结果最正确

D. 交互分配法需对辅助生产车间内部进行分配

(6) 下列关于企业辅助生产费用分配的表述中, 不正确的有(　　)。

    A. 采用直接分配法, 辅助生产费用需要进行对外和对内分配

    B. 采用计划成本分配法, 辅助生产车间实际发生的费用与分配转出的计划费用之间的差额计入制造费用

    C. 采用顺序分配法, 辅助生产车间受益多的先分配, 受益少的后分配

    D. 采用代数分配法, 辅助生产费用的分配结果最正确

(7) 下列各项中属于制造费用分配方法的有(　　)。

    A. 生产工人工时比例分配法　　　　B. 机器工时比例分配法

    C. 生产工人工资比例分配法　　　　D. 年度计划分配率分配法

(8) "废品损失" 账户借方应反映(　　)。

    A. 可修复废品的生产成本　　　　　B. 不可修复废品的生产成本

    C. 可修复废品的修复费用　　　　　D. 由责任人赔偿的金额

(9) 下列各项中, 不应计入 "废品损失" 的有(　　)。

    A. 不需要返修、可降价出售的不合格产品成本

    B. 库存产成品因保管不善而损坏变质的产品成本

    C. 可修复废品的修复费用

    D. 生产过程中发生的不可修复废品的生产成本

(10) 不单独核算停工损失的企业, 不设立 "停工损失" 科目, 将其损失反映在(　　)科目中。

    A. 管理费用　　　　B. 制造费用　　　　C. 营业外支出　　　　D. 原材料

三、判断题

(1) 如果企业的生产工艺使用的燃料及动力没有专门设置 "燃料及动力" 成本项目, 这些费用则可以分别计入 "直接材料" 成本项目和 "制造费用" 成本项目。　　　　(　　)

(2) 在实际工作中, 工资费用的分配, 一般是通过编制 "工资费用分配表" 进行的, 编制的依据是工资结算单。　　　　(　　)

(3) 假设企业只生产一种产品, 那么直接生产成本和间接生产成本都可以直接计入该种产品成本。　　　　(　　)

(4) 任何情况下, 辅助生产车间的制造费用可以不通过 "制造费用——辅助生产车间" 明细账单独归集, 而是直接记入 "生产成本——辅助生产成本"。　　　　(　　)

(5) 辅助生产费用直接分配法的特点是不考虑辅助生产部门之间的交互服务。　　(　　)

(6) 采用交互分配法分配辅助生产费用时, 对外分配的辅助生产费用, 应为交互分配前的费用加上交互分配时分配转入的费用。　　　　(　　)

(7) 采用代数分配法分配辅助生产费用, 分配结果最正确。　　　　(　　)

(8) 采用年度计划分配率分配法分配制造费用时, "制造费用" 账户一般有月末余额。(　　)

(9) 经过修理可以使用的废品就是可修复废品。　　　　(　　)

(10) "废品损失" 账户是为了归集和分配废品损失而设立的, 该账户期末应该有借方余额。　　　　(　　)

四、综合实训题

实训一

(一)实训目的：练习材料费用的分配。

(二)实训资料：

某企业原材料按照实际成本计价，12月份发出的材料汇总如下。

甲产品直接领用材料	10 000 元
乙产品直接领用材料	6000 元
甲、乙产品共同领用材料	24 000 元
供水车间领用材料	600 元
供电车间领用材料	800 元
基本车间领用材料	200 元
管理部门领用材料	400 元
合计	42 000 元

甲、乙两种产品该月分别投产 1000 件、2500 件。对于共同耗用的材料，甲产品的单件定额消耗量为 1 千克，乙产品的单件定额消耗量为 2 千克，原材料采用定额消耗量比例法进行分配。

(三)实训要求：①根据以上资料，编制"原材料费用分配表"。

②根据原材料费用分配表做出相应的会计分录。

实训二

(一)实训目的：练习外购动力费用的分配。

(二)实训资料：

某企业 201×年 12 月份外购动力 40 000 度，应付电费 6000 元，款项尚未支付。各部门耗电情况如下：基本生产车间生产甲、乙两种产品耗电 30 000 度，基本生产车间照明用 1000 度，机修车间耗电 5000 度，行政管理部门耗电 4000 度。甲、乙两种产品的生产工时分别为 4000 工时和 6000 工时，该厂按照生产工时比例分配外购动力费用，该厂动力费用在"直接材料"项目下核算。

(三)实训要求：根据上述资料编制"外购动力费用分配表"，并编制会计分录。

实训三

(一)实训目的：练习人工费用的分配。

(二)实训资料：

某企业基本生产车间生产甲、乙两种产品，甲、乙两种产品的生产工人工资采用计时工资计算。甲产品本月投产 2000 件产品，乙产品本月投产 4000 件产品，甲产品单位工时定额为 3 小时，乙产品单位工时定额为 4 小时，生产甲、乙两种产品本月共发生工人工资66 000 元，另外支付基本生产车间管理人员工资 10 000 元，行政管理人员工资 20 000 元，机修车间人员工资 12 000 元，采用定额工时比例法分配工资费用。

(三)实训要求：编制"工资费用分配表"，并编制会计分录。

实训四

(一)实训目的：练习辅助生产费用的分配。

(二)实训资料：

某企业有机修和锅炉两个辅助生产车间，它们向全厂提供机修和供暖服务，相互之间提供服务。本月机修车间发生辅助生产费用 60 000 元，锅炉车间发生辅助生产费用 54 000元，两个辅助生产车间提供的服务与供应量如表 3-17 所示。

表 3-17　劳务供应及费用汇总表

受益单位 供应单位	机修车间/工时	锅炉车间/立方
机修车间		5000
锅炉车间	1000	
甲产品	2000	5000
车间一般耗用	800	3000
行政管理部门	200	1000
合计	4000	14 000

(三) 实训要求：采用直接分配法、交互分配法、顺序分配法和代数分配法分配辅助生产费用，并编制会计分录。

实训五

(一)实训目的：练习制造费用的分配。

(二)实训资料：

某企业基本生产车间全年制造费用计划 234 000 元，全年各种产品的计划产量为甲产品 19 000 件，乙产品 6000 件，丙产品 8000 件。单件产品工时定额为：甲产品 5 小时，乙产品 7 小时，丙产品 7.25 小时。本月实际产量为：甲产品 1800 件，乙产品 700 件，丙产品 500 件。本月实际发生的制造费用为 20 600 元。

(三)实训要求：按照年度计划分配率分配法分配制造费用。

实训六

(一)实训目的：练习制造费用的分配。

(二)实训资料：

某企业生产甲、乙、丙三种产品，本月为生产三种产品发生下列间接费用：车间管理人员工资 60 000 元，车间一般消耗材料 5000 元，固定资产折旧 6000 元，办公费等 1500 元，辅助生产车间转入 2500 元，甲产品的生产工时为 4000 小时，乙产品的生产工时为 2000 小时，丙产品的生产工时为 1500 小时。

(三)实训要求：采用生产工时比例分配法分配制造费用，并编制会计分录。

实训七

(一)实训目的：练习可修复废品损失的核算。

(二)实训资料：

某企业生产甲产品，本月发生可修复废品 10 件，修复过程中共发生人员经费 600 元，领用修复材料 400 元，收回残料价值 100 元。

(三)实训要求：编制废品损失的会计分录。

项目四

工业企业生产费用在完工产品和在产品之间的分配

学习目标

- 了解在产品数量的确定。
- 掌握生产费用在完工产品和在产品之间进行分配的各种方法。
- 掌握完工产品成本结转的方法。

技能要求

- 会运用各种方法在完工产品和在产品之间分配生产费用。
- 会进行完工产品成本的结转。

任务一　在产品的核算

一、认识在产品

在产品是指已经投入生产，但尚未最后完工，不能作为商品销售的产品。在产品有广义和狭义之分。

广义的在产品是就整个企业而言的，即指产品生产从投料开始，到最终制成产成品交付验收入库前的一切产品，包括正在车间加工中的在产品、已经完成一个或几个生产步骤但仍需继续加工的半成品，尚未验收入库的产成品和正在返修或等待返修的废品等。对外销售的自制半成品属于商品产品，虽未全部完成加工过程，但不包括在在产品之内。

狭义的在产品是就某一生产单位(或生产步骤或车间或分厂)来说的，它仅指本生产步骤或车间或厂房正在加工尚未完成的产品。该生产步骤或车间或厂房完工的半成品不包括在内。

在成本会计中，在产品的两种含义都会用到，要根据不同的需要来确定，此处讨论的在产品是指狭义的在产品。

二、在产品数量的核算

准确核算在产品的数量是核算在产品成本的前提条件。在产品数量的核算，应与其他物资的数量核算一样，在做好在产品收发结存的日常核算工作的同时，还得做好在产品的清查工作。既可以从账面上随时掌握在产品的动态，又可明确在产品的实存数量。这不仅对于正确计算产品成本，加强生产资金的管理，保护企业财产的安全、完整有着重要的意义，而且对于掌握生产进度，加强生产管理也有着重要意义。

车间在产品收发结存的日常核算，可以通过"在产品收发结存账"进行实物数量核算。实际工作中这种账簿也被叫作"在产品台账"或"在产品记录卡"，属于备查账簿。该账簿应分车间并按照在产品名称设置，以便反映车间各种在产品的收入、发出和结存的数量。在产品在各车间或车间内部转移，应认真做好计量验收工作，并根据有关领料凭证、在产品内部转移凭证、在产品检验凭证和产品交库单等原始凭证逐笔登记"在产品收发结存账"。

三、在产品清查及其盈亏的核算

为核实在产品数量，保护在产品的安全、完整，企业必须定期和不定期地做好在产品的清查工作，以便准确地计算产品成本。

在产品的清查一般在月末结账前进行，采用实地盘点法。根据盘点的结果填制"在产品盘存表"，并与"在产品收发结存账"核对。如有不符，还应填制"在产品盘盈盘亏报告表"，并说明在产品的账面数、实存数、盘盈盘亏数，以及盈亏的原因和处理意见等。

对于报废和毁损的在产品，还要登记残值。财会部门应认真审核，并按规定程序报请有关部门审批后，进行在产品盘盈、盘亏和毁损的账务处理。

在产品的盘盈、盘亏和毁损，应通过"待处理财产损溢——待处理流动资产损溢"账户核算，而后应根据有关部门的批准，区分不同情况转入"管理费用""制造费用""营业外支出"等账户。

(一)在产品盘盈的核算

企业在清查中发现在产品盘盈时，应按实际平均单位成本、定额成本或计划成本予以入账，借记"生产成本——基本生产成本"账户，贷记"待处理财产损溢"账户；按规定核销时，则借记"待处理财产损溢"账户，贷记"制造费用"账户，以冲减制造费用。

(二)在产品盘亏和毁损的核算

在产品发生盘亏或毁损时，借记"待处理财产损溢"账户，贷记"生产成本——基本生产成本"账户，以冲减在产品的账面价值。毁损的在产品残值，应借记"原材料"账户，贷记"待处理财产损溢"账户，以冲减其损失；对于由保险公司、过失人赔偿的部分，借记"银行存款"或"其他应收款"等账户，贷记"待处理财产损溢"账户，以冲减其损失。按规定核销在产品的盘亏或毁损损失时，按实际损失扣除残值和赔款后计算的净损失，根据盘亏、毁损的原因不同，将损失从"待处理财产损溢"账户的贷方转出，借记"制造费用"或"营业外支出"等账户。

月末，"待处理财产损溢"账户要及时核销，账面不得保留余额。此外，在产品盘盈、盘亏及毁损的账务处理应在"制造费用"账户分配前进行。

任务二　生产费用在完工产品和在产品之间的分配

企业归集各项生产费用、确定在产品的数量，其根本目的是为了确定完工产品成本。如果某种产品月末既有在产品，又有完工产品，就需要将归集的生产费用在本月完工产品和月末在产品之间进行分配。生产费用在完工产品和在产品之间的分配是成本计算过程中一个重要的问题。企业在选择分配方法时，应考虑在产品的数量、各月在产品数量的变化、各项费用比重的大小以及定额管理基础工作的好坏等情况。

实际工作中，生产费用在完工产品和在产品之间进行分配的方法有：不计算在产品成本法、在产品按固定成本计价法、在产品按完工产品成本计算法、在产品按所耗直接材料成本计价法、约当产量比例法、在产品按定额成本计价法和定额比例法。

一、不计算在产品成本法

该方法的基本特点是：当月"生产成本——基本生产成本"明细账中归集的生产费用，全部由当月完工产成品负担，月末在产品不需分担。它适用于各月月末在产品数量很少的产品。采用该方法，月末虽然有在产品，但是由于数量很少，不计算在产品成本对产成品成本核算的正确性影响不大，本期发生的生产费用即为本月完工产品成本。产品成本计算图如图 4-1 所示。

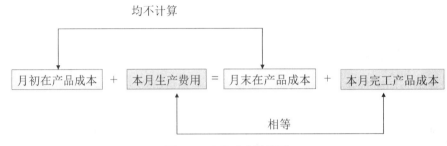

图 4-1　产品成本计算图

【例 4-1】华中企业 201×年 12 月完工 A 产品 2000 件，在产品 4 件，本月生产费用总额为 123 600 元，其中材料费用 51 600 元，燃料及动力 24 000 元，人工费用 32 000 元，制造费用 16 000 元。由于月末在产品数量较小，企业采用不计算在产品成本法，生产费用全部由完工产品承担。则本月完工产品成本计算如表 4-1 所示。

表 4-1　A 产品成本计算表

产品名称：A 产品　　　　　　　　　　　　201×年 12 月　　　　　　　　　　　　单位：元

项　　目	成本项目				合　　计
	直接材料	燃料及动力	直接人工	制造费用	
月初在产品成本	0	0	0	0	0
本月生产费用	51 600	24 000	32 000	16 000	123 600
生产费用合计	51 600	24 000	32 000	16 000	123 600
本月完工产品成本	51 600	24 000	32 000	16 000	123 600
单位成本	25.8	12	16	8	61.8
月末在产品成本	0	0	0	0	0

二、在产品按固定成本计价法

该方法的基本特点是：年内各月在产品成本都按年初在产品的成本计算，即各月月末在产品成本相等。这种方法适用于月末在产品数量较小，或者在产品数量较大但各月之间在产品数量变化不大的产品。

在产品按固定成本计价，实质上是某种产品当月归集的生产费用就是完工产品的总成本。年终时，应根据实际盘点的在产品数量，重新计算年末在产品的实际成本，作为下年各月固定的在产品的成本。

【例 4-2】华中企业 201×年 12 月完工 B 产品 2 000 件，在产品 4 件，月初在产品成本年初固定数为：材料费用 10 000 元，燃料及动力 1 200 元，人工费用 6 000 元，制造费用 4000 元，总计 21 200 元；本月生产费用总额为 123 600 元，其中材料费用 51 600 元，燃料及动力 24 000 元，人工费用 32 000 元，制造费用 16 000 元。由于月末在产品数量变化不大，企业采用固定成本计算在产品成本法，则本月完工产品的成本计算如表 4-2 所示。

表 4-2　B 产品成本计算表

产品名称：B 产品　　　　　　　　201×年 12 月　　　　　　　　单位：元

项　　目	成本项目				合　　计
	直接材料	燃料及动力	直接人工	制造费用	
月初在产品成本	10 000	1200	6000	4000	21 200
本月生产费用	51 600	24 000	32 000	16 000	123 600
生产费用合计	61 600	25 200	38 000	20 000	144 800
本月完工产品成本	51 600	24 000	32 000	16 000	123 600
单位成本	25.8	12	16	8	61.8
月末在产品成本	10 000	1 200	6 000	4 000	21 200

三、在产品按完工产品成本计算法

该方法的基本特点是：将月末在产品视同完工产品来分配生产费用。这种方法适用于月末在产品已经接近完工，或已经完工但尚未验收或包装入库的产品。这种方法通常采用两者的数量比例分配生产费用。

【例 4-3】 华中企业生产 C 产品，201×年 12 月月初在产品成本为 41 000 元，其中材料费用 20 000 元，人工费用 16 000 元，制造费用 5 000 元；本月生产费用总额为 85 000 元，其中材料费用 32 000 元，人工费用 40 000 元，制造费用 13 000 元。本月完工产品 1100 件，在产品 900 件。月末在产品已完工但尚未验收入库，企业采用在产品按完工产品成本计算法计算。

(1) 计算各项费用的分配率。

直接材料分配率=(20 000+32 000)÷(1100+900)=26(元/件)

直接人工分配率=(16 000+40 000)÷(1100+900)=28(元/件)

制造费用分配率=(5000+13 000)÷(1100+900)=9(元/件)

(2) 计算完工产品成本。

直接材料费用=1100×26=28 600(元)

直接人工费用=1100×28=30 800(元)

制造费用=1100×9=9900(元)

(3) 计算在产品成本。

直接材料费用=900×26=23 400(元)

直接人工费用=900×28=25 200(元)

制造费用=900×9=8100(元)

(4) 编制成本计算表如表 4-3 所示。

表 4-3　C 产品成本计算表

产品名称：C 产品　　　　　　　　　　201×年 12 月　　　　　　　　　　单位：元

项　目	成本项目			合　计
	直接材料	直接人工	制造费用	
月初在产品成本	20 000	16 000	5000	41 000
本月生产费用	32 000	40 000	13 000	85 000
生产费用合计	52 000	56 000	18 000	126 000
单位成本	26	28	9	63
本月完工产品成本	28 600	30 800	9900	69 300
月末在产品成本	23 400	25 200	8100	56 700

四、在产品按所耗直接材料成本计价法

该方法的基本特点是：月末在产品成本只按所耗的直接材料成本计算，不计算直接人工、制造费用等加工费用，直接人工、制造费用等加工费用全部由当月完工产品成本负担。这种方法适用于月末在产品数量较大，各月末在产品数量变化也较大，以及直接材料成本在产品成本中所占比重较大且原材料在生产开始时一次性投入的产品。

其计算公式如下：

单位产品直接材料成本=直接材料成本总额÷(完工产品数量+月末在产品数量)

月末在产品成本=月末在产品数量×单位产品直接材料成本

本月完工产品成本=月初在产品成本+本月生产费用−月末在产品成本

【例 4-4】　华中企业生产的 D 产品月末在产品成本只计算直接材料成本，材料在生产开始时一次性投入。该企业 201×年 12 月份有关产量及费用的资料如表 4-4 所示。

表 4-4　D 产品产量及费用表

产品名称：D 产品　　　　　　　　　　201×年 12 月

成本项目	月初在产品		本月发生		本月数量/件	
	数量/件	成本/元	数量/件	成本/元	完工产品	月末在产品
直接材料		36 000		336 000		
直接人工				24 000		
制造费用				12 000		
合　计	400	36 000	4600	372 000	4400	600

根据上述资料，本月完工产品与月末在产品成本计算如下。表 4-5 所示为 D 产品成本计算表。

单位产品直接材料成本=(36 000+336 000)÷(400+4600)=74.4(元/件)

月末在产品成本=600×74.4=44 640(元)

本月完工产品成本=36 000+372 000-44 640=363 360(元)

表 4-5　D 产品成本计算表

产品名称：D 产品　　　　　　　　　　201×年 12 月　　　　　　　　　　　单位：元

项　目	成本项目			合　计
	直接材料	直接人工	制造费用	
月初在产品成本	36 000			36 000
本月生产费用	336 000	24 000	12 000	372 000
生产费用合计	372 000	24 000	12 000	408 000
单位成本	74.4			
月末在产品成本	44 640			
本月完工产品成本	327 360	24 000	12 000	363 360

在这种方法下，产品的直接人工、制造费用等加工费用均由完工产品承担，而在产品成本只由直接材料成本构成。

五、约当产量比例法

约当产量，是指在产品按其完工程度折合成完工产品的产量。约当产量比例法就是按照完工产品的数量和月末在产品的约当产量比例来分配生产费用，以确定本月完工产品成本和月末在产品成本的方法。

它的特点是先把月末在产品数量按材料消耗比例或完工程度折合成完工产品数量，再将归集的生产费用在月末在产品约当产量和完工产品产量之间进行分配，分别确定其成本。这种方法适用于月末在产品数量较多，各月月末在产品数量变化较大，产品中各个成本项目所占比重相差不大的产品。

用约当产量分配生产费用，是按成本项目分别进行的。

其计算公式如下：

在产品约当产量=月末在产品数量×月末在产品完工程度(或投料比例)

约当总产量=本月完工产品数量+月末在产品约当产量

某项费用分配率=该项费用总额÷约当总产量

本月完工产品应负担的某项生产费用=本月完工产品数量×该项费用分配率

月末在产品应负担的某项生产费用 = 该项费用总额-本月完工产品应负担的该项费用

本月完工产品总成本=∑(本月完工产品应负担的各项生产费用)

本月完工产品单位成本=本月完工产品总成本÷本月完工产品数量

月末在产品总成本=∑(月末在产品应负担的各项生产费用)

(一)直接材料约当产量的确定

直接材料约当产量的确定，取决于产品生产过程中的投料程度。由于原材料的投料方式不一定与产品的完工程度同步，因而运用约当产量法计算在产品成本时，要将材料费用与其他生产费用分别加以计算。产品生产过程中，原材料的投入方式不同，其在产品投料程度的确定方法也不同。

1. 生产开始时一次投料

一次投料是指在产品开始生产时，一次投入生产该产品所需全部材料。在这种投料方式下，一件月末在产品所耗材料与一件完工产品所耗材料相同，在产品的投料程度为100%。

2. 每道工序开始时一次投料

每道工序开始时一次投料是指在产品生产的每道生产工序开始时投入本工序所需的全部材料，使每道工序的月末在产品应负担的材料费用为截至该工序的累计投料定额，月末在产品可按投料比例折合为完工产品。确定月末在产品约当产量的公式如下：

$$某工序月末在产品投料比例 = \frac{截至该工序累计材料消耗定额(数量)}{完工产品材料消耗定额(数量)} \times 100\%$$

某工序上的在产品约当产量 = 该工序在产品数量 × 该工序月末在产品投料比例

3. 随生产进度逐步投料

在逐步投料方式下，由于在产品所消耗的原材料费用是与生产进度相一致的，所以其费用的分配方法和加工费用的分配方法是一样的。

(二)直接人工与制造费用约当产量的确定

在每月末计算产品成本时，根据各工序的在产品数量和既定的完工率，即可计算各工序在产品的约当产量，据以分配加工费用。在用约当产量法分配生产费用时，测定在产品完工率一般有以下两种方法。

1. 平均计算

平均计算，即一律按50%作为各工序在产品的完工程度。平均计算只能在各工序在产品数量和单位产品在各工序的加工量都相差不多的情况下使用。这是由于后面各工序在产品多加工的程度可以抵补前面各工序少加工的程度，全部在产品完工程度均可按50%平均计算，这样能够简化成本核算。

2. 各工序分别测定完工程度

为了提高成本计算的正确性，并加速成本计算工作，可以根据各工序的累计工时定额数占完工产品工时定额数的比率，事前确定各工序在产品的完工程度。这种方法特别是在多步骤生产的情况下适用。

在产品完工率的计算公式如下：

某工序在产品完工程度=

$$\frac{前面各工序工时定额之和+本工序工时定额×本工序完工程度}{完工产品工时定额}×100\%$$

在产品约当产量=$\sum$(某道工序在产品数量×本道工序的在产品完工程度)

连续加工方式，各工序在产品完工率计算如图4-2所示。

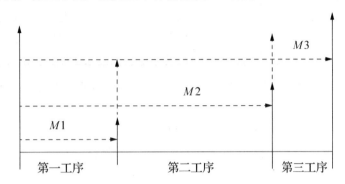

注：$M1$、$M2$、$M3$分别代表第一、第二、第三工序工时序数。

第一工序在产品完工程序=第一工序实际耗用工时÷($M1+M2+M3$)×100%

第二工序在产品完工程序=($M1$+第二工序实际耗用工时)÷($M1+M2+M3$)×100%

第三工序在产品完工程序=($M1+M2$+第三工序实际耗用工时)÷($M1+M2+M3$)×100%

图4-2　各工序在产品完工率计算原理

【例4-5】假定华中企业生产的E产品生产经三道工序完成。三道工序的工时定额分别为4小时、4小时、2小时；201×年12月月末三道工序的在产品数量分别为200件、100件、100件。每道工序的在产品完工程度为50%。计算在产品的约当产量，如表4-6所示。

表4-6　在产品的加工程度及约当产量计算表

产品名称：E产品　　　　　　　　　　　　201×年12月

工　序	工时定额/小时	月末在产品数量/件	在产品完工程度/%	在产品约当产量/件
第一道工序	4	200	4×50%÷10×100%=20%	200×20%=40
第二道工序	4	100	(4+4×50%)÷10×100%=60%	100×60%=60
第三道工序	2	100	(4+4+2×50%)÷10×100%=90%	100×90%=90
合计	10	400		190

【例4-6】假定华中企业生产F产品，201×年12月月末完工1400台，月末在产品1000台，原材料在开工时一次投入，在产品完工率为60%，月初在产品成本、本期生产费用如表4-7所示。

高职高专会计专业规划教材

表 4-7 华中企业 F 产品费用表

产品名称：F 产品　　　　　　　　　　201×年 12 月　　　　　　　　　　单位：元

项　　目	成本项目			合　　计
	直接材料	直接人工	制造费用	
月初在产品成本	16 000	4800	2400	23 200
本月生产费用	80 000	32 000	16 000	128 000
生产费用合计	96 000	36 800	18 400	151 200

要求：采用约当产量比例法分配计算本月完工产品成本和月末在产品成本。

(1) 计算分配率。

材料费用分配率：96 000÷(1400+1000)=40(元/台)

人工费用分配率：36 800÷(1400+1000×60%)=18.4(元/台)

制造费用分配率：18 400÷(1400+1000×60%)=9.2(元/台)

(2) 本月完工产品成本。

直接材料成本=1400×40=56 000(元)

直接人工成本=1400×18.4=25 760(元)

制造费用成本=1400×9.2=12 880(元)

(3) 月末在产品成本。

直接材料成本=96 000-56 000=40 000(元)

直接人工成本=36 800-25 760=11 040(元)

制造费用成本=18 400-12 880=5520(元)

(4) 根据上述计算结果，编制产品成本计算表，如表 4-8 所示。

表 4-8　F 产品成本计算表

产品名称：F 产品　　　　　　　　　　201×年 12 月　　　　　　　　　　单位：元

项　　目	成本项目			合　　计
	直接材料	直接人工	制造费用	
月初在产品成本	16 000	4 800	2400	23 200
本月生产费用	80 000	32 000	16 000	128 000
生产费用合计	96 000	36 800	18 400	151 200
本月完工产品成本	56 000	25 760	12 880	94 640
单位成本	40	18.4	9.2	67.6
月末在产品成本	40 000	11 040	5520	56 560

六、在产品按定额成本计价法

在产品按定额成本计价法是按月末在产品数量和在产品单位定额成本计算月末在产品

成本，然后从本月该种产品的全部生产费用中减去按定额成本计算的月末在产品成本，余额为本月完工产品成本。每月生产成本脱离定额的节约差异或超支差异全部计入当月完工产品成本。这种方法是事先经过调查研究、技术测定或按定额资料，对各个加工阶段上的在产品直接确定一个单位定额成本。这种方法适用于各项消耗定额或成本定额比较准确、稳定，而且各月末在产品数量变化不是很大的产品。

其计算公式如下：

月末在产品成本=月末在产品数量×在产品单位定额成本

本月完工产品成本=(月初在产品成本+本月生产费用)-月末在产品成本

完工产品单位成本=本月完工产品成本÷本月完工产品数量

【例 4-7】　华中企业 201×年 12 月生产 G 产品，本月完工 3000 件，月末在产品 400 件，在产品单位定额成本为：直接材料 400 元，直接人工 100 元，制造费用 150 元。发生的生产费用如表 4-9 所示。

表 4-9　G 产品生产费用表

产品名称：G 产品　　　　　　　　　　201×年 12 月　　　　　　　　　　单位：元

项　　目	成本项目			合　计
	直接材料	直接人工	制造费用	
月初在产品成本	400 000	100 000	150 000	650 000
本月生产费用	960 000	540 000	810 000	2 310 000
生产费用合计	1 360 000	640 000	960 000	2 960 000

要求：采用在产品按定额成本计价法分配计算本月完工产品成本和月末在产品成本。

根据上述计算结果，编制产品成本计算表，如表 4-10 所示。

表 4-10　G 产品成本计算表

产品名称：G 产品　　　　　　　　　　201×年 12 月　　　　　　　　　　单位：元

项　　目	成本项目			合　计
	直接材料	直接人工	制造费用	
月初在产品成本	400 000	100 000	150 000	650 000
本月生产成本	960 000	540 000	810 000	2 310 000
生产费用合计	1 360 000	640 000	960 000	2 960 000
在产品定额成本	400	100	150	650
月末在产品成本	16 000	40 000	60 000	260 000
本月完工产品成本	1 200 000	600 000	900 000	2 700 000
单位成本	400	200	300	900

七、定额比例法

定额比例法是产品的生产费用按照完工产品和月末在产品的定额消耗量或定额费用的

高职高专会计专业规划教材

比例，分配计算本月完工产品成本和月末在产品成本的方法。其中，直接材料费用按照原材料定额消耗量或原材料定额费用比例分配；直接人工、制造费用等各项加工费用，按定额工时的比例分配，也可以按定额费用比例分配。

这种方法适用于定额管理基础较好，各项消耗定额或费用定额比较准确、稳定，各月末在产品数量大或变化大的产品。这种方法下，每月实际生产费用脱离定额的差异，就在当月完工产品成本和月末在产品之间按比例分配，因而成本计算的准确性比在产品按定额成本法高。

采用定额比例法对产品成本进行分配，既可以用定额消耗量比例分配，也可以用定额费用比例进行分配。

(一)按定额消耗量比例分配

消耗量分配率=(月初在产品实际消耗量+本月实际消耗量)÷(完工产品定额消耗量+月末在产品定额消耗量)

完工产品实际消耗量=完工产品定额消耗量×消耗量分配率

完工产品直接材料成本=完工产品实际消耗量×原材料单价

月末在产品实际消耗量=月末在产品定额消耗量×消耗量分配率

月末在产品直接材料成本=月末在产品实际消耗量×原材料单价

(二)按定额费用比例分配

直接人工(制造费用)分配率=(月初在产品实际直接人工(制造费用)+本月实际直接人工(制造费用))÷(完工产品定额工时+月末在产品定额工时)

完工产品实际直接人工(费用)= 完工产品定额工时×直接人工(制造费用)分配率

在产品按定额比例法分配生产费用与在产品按定额成本法的区别在于：前者产品实际成本脱离定额成本的差异，按完工产品与月末在产品定额的比例，在两者之间进行分摊；而后者实际成本脱离定额成本的差异完全由完工产品承担。因此，采用定额比例法计算完工产品和在产品成本，相对在产品按定额成本法来说比较准确。

【例 4-8】华中企业 201×年 12 月生产 H 产品，本月完工 4000 件，原材料定额为 5元，工时定额为 2 小时；月末在产品 2500 件，原材料定额为 4 元，工时定额为 1 小时。发生的生产费用如表 4-11 所示。

表 4-11　H 产品生产费用表

产品名称：H 产品　　　　　　　　　　201×年 12 月　　　　　　　　　　单位：元

项　目	成本项目			合　计
	直接材料	直接人工	制造费用	
月初在产品成本	40 000	100 000	30 000	170 000
本月生产费用	320 000	110 000	75 000	505 000
生产费用合计	360 000	210 000	105 000	675 000

要求：采用定额比例法分配计算本月完工产品成本和月末在产品成本。

(1) 完工产品原材料的定额费用=4000×5=20 000(元)

在产品原材料的定额费用=2500×4=10 000(元)

直接材料费用分配率=(40 000+320 000)÷(20 000+10 000)=12

本月完工产品应分配的材料费用=20 000×12=240 000(元)

月末在产品应分配的材料费用=10 000×12=120 000(元)

(2) 本月完工产品的定额工时=4000×2=8000(小时)

月末在产品的定额工时=2500×1=2500(小时)

直接人工费用分配率=(100 000+110 000)÷(8000+2500)=20(元/工时)

本月完工产品应分配的人工费用=8000×20=160 000(元)

月末在产品应分配的人工费用=2500×20=50 000(元)

(3) 制造费用分配率=(30 000+75 000)÷(8000+2500)=10(元/工时)

本月完工产品应分配的制造费用=8000×10=80 000(元)

月末在产品应分配的制造费用=2500×10=25 000(元)

(4) 本月完工产品成本=240 000+160 000+80 000=480 000(元)

月末在产品成本=120 000+50 000+25 000=195 000(元)

(5) 根据上述计算结果，编制产品成本计算表，如表4-12所示。

表4-12　H产品成本计算表

产品名称：H产品　　　　　　　　　　201×年12月　　　　　　　　　　单位：元

项　目	成本项目			合　计
	直接材料	直接人工	制造费用	
月初在产品成本	40 000	100 000	30 000	170 000
本月生产费用	320 000	110 000	75 000	505 000
生产费用合计	360 000	210 000	105 000	675 000
完工产品定额成本或定额工时	20 000	8000	8000	
在产品定额成本或定额工时	10 000	2500	2500	
定额费用分配率	12	20	10	
本月完工产品成本	240 000	160 000	80 000	480 000
月末在产品成本	120 000	50 000	25 000	195 000

任务三　完工产品成本的结转

通过以上核算，企业发生的各项费用，按照成本的要求，划清了各项费用的界限。即经过费用的分类、归集和分配，应计入本月各种产品成本的各项费用，按照成本项目直接计入或分配计入各种产品的成本；计入各种产品成本的生产费用，又经过在本月完工产品

和月末在产品之间的分配，从而求得了本月完工产品成本和月末在产品成本。

完工产品是指完成全部生产过程，符合技术与质量要求，验收入库，具备对外销售条件的产品。为了反映完工产品入库情况，需要设置"库存商品"账户进行核算。其账务处理如下。

借：库存商品——××产品

　　贷：生产成本——基本生产成本——××产品

工业企业生产完工的产品，除了对外销售的商品产品外，还可能有自制完工的材料、工具、模具和包装物等。对于这些完工的产品，其成本也应区分不同的情况进行结转。

【例 4-9】 华中企业 201×年 12 月月末完工产品成本分配后，确定其成本，编制完工产品成本汇总表如表 4-13 所示。

表 4-13　完工产品成本汇总表

201×年 12 月　　　　　　　　　　　　　　　　　　　　　　　单位：元

成本项目	甲产品 800 件		乙产品 1000 件	
	总成本	单位成本	总成本	单位成本
直接材料	40 000	50	55 000	55
直接人工	16 000	20	40 000	40
制造费用	8000	10	30 000	30
合计	64 000	80	125 000	125

根据完工产品成本汇总表编制会计分录如下。

借：库存商品——A 产品　　　　　　　　 64 000

　　　　　　 ——B 产品　　　　　　　 125 000

　　贷：生产成本——基本生产成本——A 产品　　　 64 000

　　　　　　　　　　　　　　　　 ——B 产品　　 125 000

项 目 小 结

本项目主要讲述生产费用在完工产品和月末在产品之间分配的方法。在产品是企业已经投入生产，但尚未最后完工，不能作为商品销售的产品。广义在产品是指产品从生产投料开始到最终制成产成品交付验收入库前的一切产品；狭义的在产品是指企业的某车间或厂房或某一步骤中尚未加工完成的产品。完工产品成本计算与在产品的关系极为密切，它们之间的关系是：本月完工产品成本=月初在产品成本+本月生产费用-月末在产品成本。产品成本在完工产品与月末在产品之间的分配方法主要有不计算在产品成本法、在产品按固定成本计价法、在产品按完工产品成本计算法、在产品按所耗直接材料成本计价法、约当产量比例法、在产品按定额成本计价法和定额比例法。

练　习　题

一、单项选择题

(1) 如果某种产品各月月末在产品数量很少，计算月末在产品的成本可以采用的方法是(　　)。

　　A. 在产品按直接材料成本计价法　　　B. 完工百分比法

　　C. 不计算在产品成本法　　　　　　　D. 约当产量比例法

(2) 如果企业各月月末在产品数量较多、各月月末在产品数量变化也较大，直接材料成本在生产成本中所占比重较大且材料在生产开始时一次就全部投入的产品，月末可采用的生产费用在完工产品和在产品之间分配的方法是(　　)。

　　A. 定额比例法　　　　　　　　　　　B. 约当产量比例法

　　C. 在产品按所耗直接材料成本计价法　D. 在产品按定额成本计价法

(3) 某工业企业甲产品的材料在生产开始时一次性投入，产品成本中直接材料成本占的比重很大，月末在产品按照其所耗直接材料成本计价，其 2016 年 6 月初在产品成本为 8000 元，该月生产费用为：直接材料 16 000 元，直接人工 3000 元，制造费用为 4000 元，该月完工产品 500 件，月末在产品 300 件。则甲产品的本月完工产品成本为(　　)元。

　　A. 15 000　　　　B. 22 000　　　　C. 9 000　　　　D. 18 000

(4) 关于在产品按完工产品成本计算法，下列表述不正确的是(　　)。

　　A. 适用于月末在产品已经接近完工的产品

　　B. 适用于月末在产品已经完工但尚未验收或包装入库的产品

　　C. 采用本月完工产品和月末在产品的数量比例分配生产费用

　　D. 适用于月末在产品数量变化不大的产品

(5) 如果某种产品的月末在产品数量较大，各月在产品数量变化也较大，产品成本中各项费用的比重相差不大，生产费用在完工产品与月末在产品之间分配应采用的方法是(　　)。

　　A. 不计在产品成本　　　　　　　　　B. 约当产量比例法

　　C. 产品按完工产品计算法　　　　　　D. 定额比例法

(6) 某工业企业某种产品本月完工 250 件，月末在产品 160 件，在产品完工程度测定为 60%；月初和本月发生的直接人工共计 41 520 元，则本月完工产品和月末在产品的直接人工分别为(　　)元和(　　)元。

　　A. 40 000　　1250　　　　　　　　B. 25 000　　16 250

　　C. 30 000　　11 520　　　　　　　D. 35 000　　6250

(7) 某产品需要经过三道工序加工完成，各工序单位工时定额为：第一道工序 120 小时，第二道工序 160 小时，第三道工序 220 小时。假定各工序内在产品完工程度平均为 50%。则采用约当产量比例法计算第二道工序的完工率为(　　)。

　　A. 12%　　　　　B. 24%　　　　　C. 40%　　　　　D. 56%

(8) 甲公司生产 A 产品经过两道工序加工而成,第一道工序需 30 小时,第二道工序需 70 小时,本月月初无在产品,本月投入生产 1000 件产品,第一道工序在产品数量为 200 件,第二道工序在产品数量为 100 件。本月投入直接材料 280 万元,直接人工 85 万元,制造费用 125 万元。假定各工序内在产品完工程度平均为 50%,并且材料在生产开始时一次性投入,则本月完工产品单位成本为(   )万元。

  A. 0.61   B. 0.34   C. 0.54   D. 0.72

(9) 甲公司同时生产 A、B 两种产品,当月生产车间生产工人的工资费用合计 250 800 元。其中 A 产品定额工时为 12 小时,B 产品定额工时为 18 小时,当月生产 A 产品 200 件,生产 B 产品 500 件,甲公司采用定额比例法对生产工人工资进行分配。则月末应分配给 B 产品的生产工人工资费用为(   )。

  A. 198 000   B. 52 800   C. 150 480   D. 179 140

(10) 丙公司只生产一种产品。2016 年 7 月初在产品成本为 10 万元,7 月发生费用如下:生产领用材料 14 万元,生产车间工人工资 5 万元,制造费用 8 万元,管理费用 24 万元,财务费用 2 万元,销售费用 8 万元,月末在产品成本为 8 万元。本月完工入库 100 件,则丙公司 7 月完工产品单位成本为(   )万元。

  A. 0.63   B. 0.29   C. 0.27   D. 0.37

二、多项选择题

(1) 广义的在产品包括(   )。

  A. 正在各个车间加工的在制品

  B. 已经完成一个或几个生产步骤,但是还需要继续加工的自制半成品

  C. 外部购入的半成品

  D. 已经完工但尚未验收入库的产成品

(2) 企业在选择企业生产费用在完工产品与在产品之间进行分配的方法时应考虑(   )。

  A. 在产品数量的多少   B. 月末在产品数量的变化

  C. 各项费用比重的大小   D. 定额管理基础的好坏

(3) 下列各项中,属于将企业生产费用在完工产品与在产品之间进行分配的方法有(   )。

  A. 顺序分配法   B. 约当产量分配法

  C. 在产品按定额成本计价法   D. 在产品按固定成本计价法

(4) 采用在产品按固定成本计价法分配完工产品和在产品费用,适用于(   )。

  A. 月末在产品数量较小

  B. 月末在产品数量较大但各月末数量变化不大

  C. 直接材料成本占生产成本中的比重较大

  D. 有比较准确的定额资料

(5) 采用约当产量法分配完工产品和在产品费用,适用于(   )。

  A. 月末在产品数量较大

  B. 月末在产品数量变化较大

  C. 产品成本中各项费用的比重相差不大

D. 有比较准确的定额资料

(6) 计算月末在产品约当产量的依据是(　　)。

A. 月末在产品数量　　　　　　　B. 本月完工产品数量

C. 月末在产品完工程度　　　　　D. 月末在产品定额成本和定额工时

(7) 采用约当产量法，必须正确计算在产品的约当产量，而在产品约当产量计算正确与否取决于产品完工程度的测定。测定在产品完工程度的方法有(　　)。

A. 按50%平均计算各工序完工率　　B. 分工序分别计算完工率

C. 按定额比例法计算　　　　　　D. 按定额工时计算

(8) 关于在产品按定额成本计价法，下列表述正确的是(　　)。

A. 有比较准确的定额资料

B. 月末在产品数量变动较小

C. 每月实际生产费用脱离定额的差异全部由完工产品负担

D. 消耗定额或成本定额比较稳定

(9) 采用定额比例法分配完工产品和月末在产品费用，应具备的条件有(　　)。

A. 各月末在产品数量变化较大

B. 各月末在产品数量变化较小

C. 消耗定额或成本定额比较稳定

D. 消耗定额或成本定额波动较大

(10) 下列关于完工产品成本与在产品成本分配方法的表述中正确的有(　　)。

A. 不计算在产品成本法适用于月末在产品数量很小的产品

B. 在产品按固定成本计价法适用于月末在产品数量较多但各月变化不大的产品

C. 在产品按定额成本计价法适用于各项消耗定额或成本定额比较准确且月末在产品数量变化不是很大的产品

D. 定额比例法适用于各项消耗定额或成本定额波动较大且月末在产品数量变化很大的产品

三、判断题

(1) 工业企业在产品生产过程中通常会存在一定数量的在产品，在产品应包括对外销售的自制半成品。　　　　　　　　　　　　　　　　　　　　　　　　　(　　)

(2) 企业月末对在产品进行清查，发生在产品盘盈或盘亏的，应通过"待处理财产损溢——待处理流动资产损溢"账户核算。　　　　　　　　　　　　　　　(　　)

(3) 企业月末对在产品进行清查，发生在产品盘盈的，经批准后应按盘盈在产品成本冲减"生产成本——基本生产成本"账户。　　　　　　　　　　　　　　　(　　)

(4) 当月末既有在产品，又有完工产品，就必须将归集的生产费用用任意选择的一种方法在完工产品和月末在产品之间进行分配。　　　　　　　　　　　　　(　　)

(5) 月初在产品成本＋本月生产费用＝本月完工产品成本＋月末在产品成本。(　　)

(6) 采用在产品按固定成本计价法，年终时，应根据实际盘点的在产品数量，重新计算年末在产品的实际成本，作为下年的各月固定在产品的成本。　　　　　　(　　)

高职高专会计专业规划教材

(7) 采用在产品按直接材料成本计价时，产品的加工费用全部计入管理费用。（　　）

(8) 约当产量就是将月末在产品数量按其完工程度折算为相当于完工产品的数量。

（　　）

(9) 原材料在生产开始时就一次性投入，企业采用约当产量比例法计算本月完工产品成本和月末在产品成本时，月末单位在产品所耗直接材料成本和单位完工产品所耗直接材料成本相同。（　　）

(10) 某工序月末在产品的完工率为截至该工序累计的工时定额与完工产品工时定额的比率。（　　）

四、综合实训题

实训一

(一)实训目的：练习不计算在产品成本法。

(二)实训资料：

某企业生产 A 产品，月末在产品数量较少，采用不计算在产品成本法分配生产费用。本月生产费用 80 000 元，其中材料费用 50 000 元，人工费用 20 000 元，制造费用 10 000 元，本月完工产品 2000 件，在产品 5 件。

(三)实训要求：采用不计算在产品成本法计算 A 产品的本月完工产品总成本和单位成本。

实训二

(一)实训目的：练习在产品按固定成本计价法。

(二)实训资料：

某企业生产 B 产品，月末在产品数量较大，但各月在产品数量变化不大，在产品按照年初固定成本计价。年初在产品成本固定为：材料费用 25 000 元，动力费用 3 800 元，人工费用 18 000 元，制造费用 13 000 元，总额为 59 800 元。本月发生的生产费用为材料费用 145 000 元，动力费用 20 000 元，人工费用 100 000 元，制造费用 75 000 元，总额为 340 000 元，本月完工产品 10 000 件。

(三)实训要求：采用在产品按固定成本计价法计算 B 产品的本月完工产品总成本和单位成本。

实训三

(一)实训目的：练习在产品按完工产品成本计算法。

(二)实训资料：

某企业生产 C 产品，本月月初在产品成本为 25 000 元，其中材料费用 10 000 元，人工费用 8000 元，制造费用 7000 元；本月生产费用总额为 50 000 元，其中材料费用 24 000 元，人工费用 15 000 元，制造费用 11 000 元。本月完工产品 1100 件，在产品 900 件。月末在产品已完工但尚未验收入库。

(三)实训要求：采用在产品按完工产品成本计算法计算 C 产品的本月完工产品成本和月末在产品成本。

实训四

(一)实训目的：练习在产品按直接材料成本计价法。

(二)实训资料：

某企业生产 D 产品，直接材料成本在产品成本中所占的比重较大，在产品成本只计算直接材料成本，材料在生产开始时一次性投入。该企业 201× 年 12 月份有关产量及费用资料如表 4-14 所示。

表 4-14 D 产品产量及费用表

产品名称：D 产品　　　　　　　　　　　201× 年 12 月

成本项目	月初在产品成本/元	本月发生费用/元	本月数量/件	
			完工产品	月末在产品
直接材料	30 000	32 000		
直接人工		20 000		
制造费用		13 000		
合　　计	30 000	65 000	2000	500

(三) 实训要求：采用在产品按直接材料成本计价法计算 D 产品的本月完工产品成本和月末在产品成本。

实训五

(一)实训目的：练习约当产量的计算。

(二)实训资料：

某企业生产 E 产品经过三道工序加工，各工序工时定额及月末在产品盘存数量如表 4-15 所示。每道工序的在产品完工程度为 50%。

表 4-15 各工序工时定额及月末在产品盘存数量表

单位：元

工　序	各工序工时定额	在产品盘存数量
一	25	100
二	10	300
三	15	200
合计	50	600

(三) 实训要求：计算 E 产品各工序的月末在产品完工程度和月末在产品的约当产量。

实训六

(一)实训目的：练习约当产量比例法。

(二)实训资料：

某企业生产 F 产品，本月完工产品产量 3000 件，月末在产品数量 400 件，月末在产品完工程度按平均 50%计算；材料在开始生产时一次性投入，其他成本按约当产量比例分配。D 产品本月月初在产品和本月耗用直接材料成本为 1 360 000 元，直接人工成本 640 000元，制造费用 960 000 元。

(三)实训要求：采用约当产量比例法计算 F 产品的本月完工产品成本和月末在产品成本。

实训七

(一)实训目的：练习在产品按定额成本计价法。

(二)实训资料：

某企业定额管理较好，月末在产品按定额成本计价。生产 G 产品的各项消耗稳定并制定有消耗定额。G 产品本月发生的生产费用为材料费用 75 040 元，人工费用 60 640 元，制造费用 68 000 元。原材料在开始生产时一次性投入。单位产品原材料定额为 200 元，定额工时为 40 小时，小时工资率为 4 元，小时制造费用率为 5 元。月末在产品 120 件，在产品完工程度为 50%，完工产品 480 件。

(三)实训要求：采用在产品按定额成本计价法计算 G 产品的本月完工产品成本和月末在产品成本。有关资料如表 4-16 所示。

表 4-16　G 产品成本计算表

产品名称：G 产品　　　　　　　　　　　　　　　　　　　　　　　　　　　　　单位：元

项　目	直接材料	直接人工	制造费用	合　计
月初在产品成本	20 000	8 000	10 000	38 000
本月生产费用				
生产费用合计				
月末在产品成本				
完工产品成本				
完工产品单位成本				

实训八

(一)实训目的：练习定额比例法。

(二)实训资料：

某定额管理较好的企业，生产 H 产品按定额比例法分配本月完工产品成本和月末在产品成本，有关资料如表4-17所示。

(三)实训要求：采用定额比例法计算H产品的本月完工产品成本和月末在产品成本。

表4-17　H产品成本计算表

产品名称：H产品　　　　　　　　　　　　　　　　　　　　　　　　单位：元

项　目	直接材料	直接人工	制造费用	合　计
月初在产品成本	3400	2400	1300	7100
本月生产费用	57 200	21 100	14 450	92 750
生产费用合计	60 600	23 500	15 750	99 850
完工产品定额成本或定额工时	28 200	17 000	17 000	
在产品定额成本或定额工时	1800	8000	8000	
定额费用分配率				
本月完工产品成本				
月末在产品成本				

项目五
工业企业产品成本
计算方法概述

学习目标

了解生产特点和管理要求对成本计算方法的影响。

技能要求

能够结合企业的生产特点和管理要求选择适合于企业的成本计算方法。

任务一　生产特点和管理要求对成本计算方法的影响

由于工业企业的生产特点以及对成本管理要求的不同，费用归集和分配的方法也有所不同，从而形成不同的产品成本计算方法。生产类型就是按照一定的标准对不同企业的生产过程进行的分类，体现了不同企业的生产特点。工业企业的生产类型，可按生产工艺过程的特点和生产组织的特点来划分。

一、按生产工艺过程的特点划分

生产工艺过程是指产品从投产到完工的生产工艺技术过程。按生产工艺过程的特点来划分，工业企业的生产可分为单步骤生产和多步骤生产两种类型。

(一)单步骤生产

单步骤生产又称简单生产，是指生产工艺过程不能间断，或不能分散在不同地点进行的生产。这类生产工艺技术较简单，生产周期较短，产品品种少且相对稳定，如发电、供水、采掘等生产。

(二)多步骤生产

多步骤生产又称复杂生产，是指产品的生产工艺由若干个可以间断的、分散在不同地点，分别在不同时间进行的生产步骤所组成的生产。这类生产工艺技术较复杂，生产周期较长，产品品种较多且不稳定，一般由一个企业的若干步骤或车间协作进行生产。多步骤生产按照产品的加工方式和各个生产步骤的内在联系，又可分为连续加工式多步骤生产和平行加工式多步骤生产。

连续加工式多步骤生产是指原材料投入生产后到产品完工，要依次经过各生产步骤的连续加工的生产，前一加工步骤完工的半成品为后一加工步骤加工的对象。其特点是原材料投入生产后必须按一定的顺序，经过几个连续的加工步骤，最后制成产成品，如纺织、造纸等。

平行加工式多步骤生产是指从投料开始到制成产成品，是由几个生产步骤同时进行加工，最后组装成产成品的生产。其特点是各个生产步骤可以在不同地点和不同时间同时进行，先将原材料平行加工成零部件，然后再将零部件装配成产成品，如汽车、飞机等。

二、按生产组织的特点划分

生产组织是指保证生产过程各个环节、各个因素相互协调的生产工作方式。按生产组织的特点来划分，工业企业的生产可分为单件生产、成批生产和大量生产。

(一)单件生产

单件生产是指根据客户订单要求，依据订单中规定的规格、型号、性能进行的特定产品的生产，如大型船舶、飞机、精密仪器制造等。这类生产的特点是产量少、品种多，一般不重复生产。

(二)成批生产

成批生产是指按照事先规定的产品批别和数量进行的生产，如服装、自行车等。这类生产的特点是产量较大，品种较多且生产具有重复性。成批生产按照产品批量的大小又可分为大批生产和小批生产。大批生产，由于产品批量较大，往往在几个月内不断地重复生产一种或几种产品，因而性质上接近于大量生产；小批生产，由于产品批量较小，一批产品一般可以同时完工，因而性质上接近于单件生产。

(三)大量生产

大量生产是指连续不断大量重复相同品种的产品生产，如发电、供水等。这类生产的特点是产量大，品种稳定，生产的重复性高。

在实际工作中，由于大批生产与大量生产相接近，而小批生产与单件生产相接近，因此习惯说法是大量大批生产与单件小批生产。

工业企业的产品生产类型如图5-1所示。

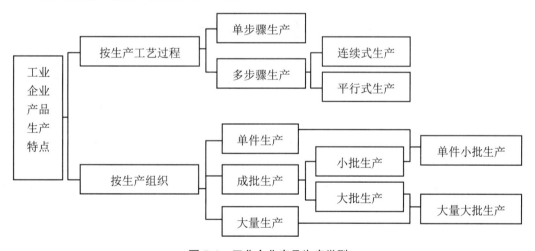

图 5-1　工业企业产品生产类型

三、生产特点对成本计算方法的影响

工业企业的生产特点在很大程度上决定了工业企业的成本计算方法。其影响主要表现在成本计算对象、成本计算期以及生产费用在完工产品与在产品之间的分配等方面。

(一) 对成本计算对象的影响

成本计算对象是为计算产品成本而确定的归集和分配生产费用的各个对象，即生产费用的承担者。计算产品成本必须先确定成本计算对象，它是设置产品成本明细账、分配生产费用和计算产品成本的前提，也是区分各种成本计算方法的主要标志。不同的企业有不同的生产特点，不同的生产特点就有不同的成本计算对象。

大量大批单步骤生产，由于生产工艺不能间断，不可能划分为几个生产步骤来计算产品成本，只能以产品品种作为成本计算对象。

大量大批多步骤生产，由于生产工艺可以划分为若干个可以间断的、分散在不同地点进行的生产步骤，为了计算各生产步骤的成本，可以把各生产步骤作为成本计算对象，如果管理上不要求分步骤计算成本，其成本计算对象就是最终的产成品。

单件小批生产，由于产品批量小，根据订单要求或者生产批别来组织生产，产品一般同时投产、同时完工，因此应以产品批别作为成本计算对象。

(二) 对成本计算期的影响

大量大批生产，由于生产连续不断地进行，每月都会有完工产品，因此产品成本计算期与会计计算期保持一致，与生产周期不一致。

单件小批生产，由于产品一般按批别投产，只有在该批别产品完工后才能计算成本，因此产品成本期与生产周期一致，与会计计算期不一致。

(三) 对生产费用在完工产品和在产品之间分配的影响

大量大批单步骤生产，由于生产工艺不能间断，生产周期也比较短，一般没有月末在产品或者月末在产品数量很少，因此月末一般不存在生产费用在完工产品和在产品之间分配的问题。

大量大批多步骤生产，由于生产连续不断地进行，月末经常存在在产品，因此在计算成本时就需要采用适当的方法将生产费用在完工产品和在产品之间进行分配。

单件小批生产，由于产品一般按批别投产，到月末产品或者全部完工，或者全部未完工，极少出现跨期部分完工情况。因此一般不需要将生产费用在完工产品和在产品之间进行分配。

四、管理要求对成本计算方法的影响

成本计算方法主要受工业企业生产特点的影响，但并不是完全服从于生产特点。工业企业对成本管理的不同要求，对成本计算方法的确定也会产生影响。

多步骤生产的企业如果管理上要求提供各生产步骤所产的半成品成本，则应以产品生产过程中各个生产步骤作为成本计算对象；如果管理上不要求提供各生产步骤所产半成品成本，只需要计算最终的产成品成本，则应以产品品种作为成本计算对象。

单件小批生产的企业在确定成本计算对象时，可以根据要求适当地对客户的订单进行调整，以调整后的生产批别作为成本计算对象。

任务二　产品成本计算的主要方法

工业企业生产特点和成本管理要求的不同对产品成本计算产生的影响，体现在成本计算对象的确定、成本计算期的确定以及生产费用在完工产品与在产品之间的分配等方面。其中影响最主要的是成本计算对象的确定。成本计算就是按照成本计算对象分配和归集生产费用并计算其总成本和单位成本的过程。以不同的成本计算对象为主要标志，形成工业企业成本计算的各种方法。

一、产品成本计算的基本方法

产品成本计算的基本方法主要包括以下三种。

(一)品种法

品种法是以产品品种作为成本计算对象，归集和分配生产成本，计算产品成本的一种方法。这种方法适用于大量大批单步骤的企业生产，如发电、供水等，也适用于管理上不要求分步骤计算产品成本的大量大批多步骤的企业生产。

(二)分批法

分批法是以产品批别作为成本计算对象，归集和分配生产成本，计算产品成本的一种方法。这种方法适用于单件小批生产的企业，如造船、精密仪器制造等。

(三)分步法

分步法是以产品生产过程中各个生产步骤作为成本计算对象，归集和分配生产成本，计算各步骤半成品和最后产成品成本的一种方法。这种方法适用于管理上要求分步骤计算产品成本的大量大批多步骤的企业生产。

产品成本计算的基本方法的适用范围如表 5-1 所示。

表 5-1　产品成本计算的基本方法的适用范围

产品成本计算的基本方法	成本计算对象	生产组织特点	生产工艺特点	成本要求
品种法	产品品种	大量大批生产	单步骤生产	
			多步骤生产	不要求分步骤计算成本
分批法	产品批别	单件小批生产	单步骤生产	
			多步骤生产	不要求分步骤计算成本
分步法	产品生产步骤	大量大批生产	多步骤生产	要求分步骤计算成本

以上三种成本计算方法是成本计算的基本方法，无论采用哪种方法计算产品成本，最终都必须按照产品品种计算出产品的总成本和单位成本。因此，按照产品品种计算产品成

高职高专会计专业规划教材

本是产品成本计算的最基本要求，即品种法是上述基本方法中最基本的成本计算方法。

二、产品成本计算的辅助方法

除上述三种产品成本计算的基本方法外，还有两种辅助方法，即分类法和定额法。

(一)分类法

分类法是按产品类别归集生产费用、计算产品成本的一种方法。这种方法适用于产品品种、规格繁多的工业企业。

(二)定额法

定额法是为了及时核算和监督生产费用与产品成本脱离定额的差异，加强定额管理和成本控制而采用的一种成本计算方法。这种方法适用于定额管理工作有一定基础的工业企业。

分类法和定额法与企业生产特点没有直接联系，不涉及成本计算对象。它们的应用或者是为了简化成本计算，或者是为了加强成本管理，只要具备条件，任何生产特点的生产企业都可以使用，它们并非不可缺少，因此称之为辅助方法。产品成本计算的辅助方法一般应与基本方法结合使用，而不单独使用。

项 目 小 结

本项目主要阐述了企业的生产特点和管理要求对产品成本计算的影响；产品成本计算基本方法和辅助方法的基本概念，以及各种产品成本计算方法适用的成本计算对象、成本计算期以及是否需要将生产费用在完工产品和在产品之间进行分配等内容。

工业企业的生产特点包括生产工艺特点和生产组织特点两个方面。工业企业生产按其工艺过程的不同分类，可分为单步骤生产和多步骤生产；按其组织形式的不同分类，可以分为单件生产、成批生产和大量生产。

产品成本计算的方法分为基本方法和辅助方法两大类。产品成本计算的基本方法包括品种法、分批法和分步法；辅助方法包括分类法和定额法。在这些方法中，按照产品品种计算成本的品种法是产品成本计算方法中最基本的方法。

练 习 题

一、单项选择题

(1) 工业企业按生产工艺的特点，可以分为( )。

    A. 简单生产和单步骤生产   B. 单步骤生产和多步骤生产

    C. 复杂生产和多步骤生产   D. 大量大批生产和单件小批生产

(2) ( )是按照生产组织的特点划分出来的。

    A. 单步骤生产   B. 简单生产   C. 复杂生产   D. 大量生产

(3) 下列不属于产品成本计算的基本方法的是(　　)。

  A. 品种法　　　　　B. 分批法　　　　　C. 分步法　　　　D. 定额法

(4) 下列属于产品成本计算的辅助方法的是(　　)。

  A. 品种法　　　　　B. 分批法　　　　　C. 分步法　　　　D. 分类法

(5) 划分产品成本计算方法的首要标志是(　　)。

  A. 成本计算对象　　　　　　　　B. 成本计算期

  C. 产品的生产工艺过程　　　　　D. 生产组织

二、多项选择题

(1) 多步骤生产按照劳动对象的加工程序不同,可划分为(　　)。

  A. 简单生产　　　　　　　　　　B. 连续式多步骤生产

  C. 复杂生产　　　　　　　　　　D. 平行式多步骤生产

(2) 成本计算方法应根据(　　)来确定。

  A. 生产组织特点　　　　　　　　B. 生产工艺特点

  C. 成本管理要求　　　　　　　　D. 生产规模大小

(3) 产品成本计算的基本方法有(　　)。

  A. 品种法　　　　　B. 分批法　　　　　C. 分步法　　　　D. 分类法

(4) 生产特点对成本计算方法的影响主要体现在(　　)。

  A. 成本计算对象

  B. 成本计算期

  C. 费用的分配方法

  D. 生产费用在完工产品和在产品之间的分配

(5) 下列方法中,成本计算期与会计计算期一致的有(　　)。

  A. 品种法　　　　　　　　　　　B. 分批法

  C. 逐步结转分步法　　　　　　　D. 平行结转分步法

三、判断题

(1) 工业企业按其生产组织的特点分为大量生产、成批生产和单件生产。　　(　　)

(2) 无论采用哪种成本计算方法,月末都需要将生产费用在完工产品和在产品之间进行分配。　　(　　)

(3) 生产特点和管理要求对成本计算对象的影响主要表现在成本计算对象的确定上。

  (　　)

(4) 同一企业只能采用一种成本计算方法。　　(　　)

(5) 产品成本计算的辅助方法一般应与基本方法结合使用,而不单独使用。　　(　　)

项目六
工业企业产品成本
计算的品种法

学习目标

- 熟悉品种法的含义、特点和适用范围。
- 掌握品种法的成本核算程序。
- 掌握品种法下的产品成本计算。
- 掌握品种法的相关账务处理。

技能要求

- 会运用品种法计算产品成本。
- 会进行品种法相关的账务处理。

任务一　品种法的含义及特点

一、品种法的含义

品种法，是指以产品品种作为成本计算对象，归集和分配生产成本，计算产品成本的一种方法。采用品种法不要求按照批别、生产步骤计算产品成本，只要求计算出最终的产成品成本即可。按照产品品种来计算产品成本是成本计算的最基本要求，因此，品种法是企业产品成本计算的最基本方法。

品种法主要适用于大量大批的单步骤生产，如发电、供水、采掘等。在这种类型的企业生产中，产品的生产技术过程不能被划分为步骤，比如，企业的车间规模较小，或者车间是封闭的，也就是从材料投入到产品产出的全部生产过程都是在一个车间内进行的。

大量大批多步骤生产，生产技术过程可以被划分为各生产步骤，但管理上不要求按照生产步骤计算产品成本，只要求计算最终步骤的产成品成本，也可以使用品种法计算产品成本。

二、品种法的特点

(一)成本计算对象

成本计算对象是产品品种，按产品品种来设置产品成本明细账。如果企业只生产一种产品，全部生产成本都是直接成本，可直接记入该产品生产成本明细账的有关成本项目中，不存在在各种成本计算对象之间分配成本的问题。如果生产多种产品，间接生产成本则要采用适当的方法，在各成本计算对象之间进行分配。

(二)成本计算期

品种法的成本计算期与会计计算期保持一致，一般定期(每月月末)计算产品成本。

(三)生产费用在完工产品和在产品之间分配

大量大批单步骤的生产，月末一般没有在产品，不需要将生产费用在完工产品和在产品之间进行分配，当期发生的生产费用总和就是该种完工产品的总成本；大量大批多步骤的生产，月末一般有在产品，就需要将生产费用在完工产品和在产品之间进行分配。

任务二　品种法的成本核算程序

品种法是产品成本计算方法中最基本的计算方法，因此品种法的成本核算程序体现着产品成本核算的一般程序，其成本核算程序主要有以下几个步骤。

(一)按产品品种设置生产成本明细账

按产品品种设置生产成本明细账，按成本项目开设专栏，如"直接材料""直接人工""制造费用"等。

(二)归集和分配本月生产费用

根据各项费用的原始凭证及相关资料编制各种要素费用分配表，将本月的各种要素费用进行分配。生产产品发生的直接费用，如"直接材料""直接人工"等费用直接记入各种产品成本明细账对应的成本项目；间接费用先在制造费用明细账中进行归集；辅助生产车间发生的费用在辅助生产成本明细账中进行归集。

(三)分配辅助生产费用

根据辅助生产成本明细账编制辅助生产成本分配表，将辅助生产车间归集的生产费用采用适当的方法进行分配，并据以登记有关成本费用明细账。

(四)分配基本生产车间制造费用

根据基本生产车间制造费用明细账编制制造费用分配表，在各种产品之间分配制造费用，并据以登记生产成本明细账。

(五)计算本月完工产品成本和月末在产品成本

将各产品生产成本明细账中按成本项目归集的生产费用采用适当的方法在本月完工产品和月末在产品之间进行分配，计算本月完工产品成本和月末在产品成本。

(六)结转完工产品成本

根据产品生产成本明细账，编制完工产品成本汇总表，汇总计算各种完工产品的总成本和单位成本，结转完工产品成本。

任务三　品种法应用举例

【例 6-1】 黄河公司设有一个基本生产车间，大量生产甲、乙两种产品。另设有供水、供电两个辅助生产车间。不单独核算废品。根据生产特点和管理要求，采用品种法计算甲、乙产品的成本，设置"直接材料""直接人工""制造费用"三个成本项目。该公司 201×年 6 月份生产情况及成本资料如下。

(1) 生产情况如表 6-1 所示。

表 6-1　产品产量表

201×年 6 月　　　　　　　　　　　　　　　　　　　　　单位：件

产品名称	月初在产品	本月投入	本月完工产品	月末在产品
甲产品	100	400	500	0
乙产品	100	1900	1800	200

(2) 月初在产品成本表 6-2 所示。

表 6-2　月初在产品成本

201×年 6 月　　　　　　　　　　　　　　　　单位：元

产品名称	直接材料	直接人工	制造费用	合　计
甲产品	19 300	16 160	11 400	46 860
乙产品	21 000	14 270	13 390	48 660
合　计	40 300	30 430	24 790	95 520

(3) 本月发生的生产费用如表 6-3～表 6-5 所示。

表 6-3　本月材料费用表

201×年 6 月　　　　　　　　　　　　　　　　单位：元

领料用途 ＼ 材料名称	A 材料	B 材料	辅助材料	合　计
甲产品	65 200			
乙产品	44 300			
小　计	109 500	20 000		129 500
基本生产车间一般耗用			3000	3000
供水车间			500	500
供电车间			1000	1000
企业管理部门			2000	2000
合　计	109 500	20 000	6500	136 000

表 6-4　本月职工薪酬费用表

201×年 6 月　　　　　　　　　　　　　　　　单位：元

人员类别	职工薪酬	合　计
基本生产车间产品生产工人	86 400	86 400
基本生产车间管理人员	24 600	24 600
供水车间人员	11 400	11 400
供电车间人员	8700	8700
企业管理部门人员	50 000	50 000
合　计	181 100	181 100

表 6-5　本月折旧费及其他费用表

201×年 6 月　　　　　　　　　　　　　　　　　单位：元

费用项目 受益单位	折旧费	其他费用	合　计
基本生产车间一般耗用	8400	15 000	23 400
供水车间	2000	1500	3500
供电车间	5500	2800	8300
企业管理部门	1000	1000	2000
合　计	16 900	20 300	37 200

注：其他费用包括办公费、保险费、差旅费等，均以银行存款支付。

（4）辅助生产车间提供的产品及劳务量如表 6-6 所示。

表 6-6　辅助生产车间提供的产品及劳务量

201×年 6 月

供应单位 受益单位	供水车间/吨	供电车间/千瓦时
供电车间	500	
供水车间		3000
基本生产车间	3000	25 000
企业管理部门	80	5000
合　计	3580	33 000

（5）甲、乙产品共同耗用费用的分配方法。

① 共同耗用的材料按定额耗用量比例分配，甲产品定额耗用量为 300 吨，乙产品定额耗用量为 200 吨。

② 职工薪酬、制造费用按两种产品的生产工时比例分配。甲产品实际生产工时 6000小时；乙产品实际生产工时 4000 小时。

③ 甲、乙产品的原材料都在生产开始时一次投入，加工费用发生比较均衡，月末在产品完工程度均为 50%，采用约当产量法计算完工产品成本和月末在产品成本。

④ 辅助生产费用采用直接分配法进行分配。

根据上述有关资料，甲、乙两种产品的成本计算过程如下。

（1）按产品品种设置生产成本明细账。

（2）归集和分配生产费用。

① 根据原始凭证，编制各项费用分配表，如表 6-7～表 6-9 所示，并据以编制记账凭证。

表 6-7　材料费用分配表

201×年 6 月　　　　　　　　　　　　　　　　　　　　　单位：元

项　目		直接材料 A	分配率	分配共同材料 B	辅助材料	合　计
生产成本—— 基本生产成本	甲产品	65 200		12 000		77 200
	乙产品	44 300		8000		52 300
	小计	109 500	40	20 000		129 500
制造费用					3000	3000
生产成本—— 辅助生产成本	供水车间				500	500
	供电车间				1000	1000
管理费用					2000	2000
合　计		109 500		20 000	6500	136 000

根据表 6-7 编制会计分录。

借：生产成本——基本生产成本(甲产品)　　　　77 200

　　　　　　——基本生产成本(乙产品)　　　　52 300

　　制造费用　　　　　　　　　　　　　　　　3000

　　生产成本——辅助生产成本(供水车间)　　　500

　　　　　　——辅助生产成本(供电车间)　　　1000

　　管理费用　　　　　　　　　　　　　　　　2000

　　贷：原材料——A 材料　　　　　　　　　　　　109 500

　　　　　　——B 材料　　　　　　　　　　　　20 000

　　　　　　——辅助材料　　　　　　　　　　　6500

表 6-8　职工薪酬费用分配表

201×年 6 月　　　　　　　　　　　　　　　　　　　　　单位：元

项　目		生产工时	分配率	分配金额	合　计
生产成本—— 基本生产成本	甲产品	6000		51 840	51 840
	乙产品	4000		34 560	34 560
	小计	10 000	8.64	86 400	86 400
制造费用					24 600
生产成本—— 辅助生产成本	供水车间				11 400
	供电车间				8700
管理费用					50 000
合　计					181 100

根据表 6-8 编制会计分录。

借：生产成本——基本生产成本(甲产品)　　　　51 840

　　　　　　——基本生产成本(乙产品)　　　　34 560

　　制造费用　　　　　　　　　　　　　　　　24 600

生产成本——辅助生产成本(供水车间)　　　11 400

　　　　　——辅助生产成本(供电车间)　　　8 700

管理费用　　　　　　　　　　　　　　　　 50 000

　　贷：应付职工薪酬　　　　　　　　　　　　　　　181 100

表 6-9　折旧及其他费用分配表

201×年 6 月　　　　　　　　　　　　　　　　　　　　单位：元

项　　目		折旧费	其他费用	合　　计
制造费用		8400	15 000	23 400
生产成本——	供水车间	2000	1500	3500
辅助生产成本	供电车间	5500	2800	8300
管理费用		1000	1000	2000
合　　计		16 900	20 300	37 200

根据表 6-9 编制会计分录。

借：制造费用　　　　　　　　　　　　　　　23 400

　　生产成本——辅助生产成本(供水车间)　　　3500

　　　　　　——辅助生产成本(供电车间)　　　8300

　　管理费用　　　　　　　　　　　　　　　　2000

　　　贷：累计折旧　　　　　　　　　　　　　　　　16 900

　　　　　银行存款　　　　　　　　　　　　　　　　20 300

② 根据各费用分配表编制的记账凭证，登记辅助生产成本明细账，如表 6-10 和表 6-11 所示，并编制辅助生产费用分配表，如表 6-12 所示。

表 6-10　供水车间辅助生产成本明细账

车间：供水车间　　　　　　　　　　201×年 6 月　　　　　　　　　　单位：元

201×年		凭证号数	摘　　要	材料费	职工薪酬	折旧费	其他费用	合　　计
月	日							
6	30	略	材料费用分配表	500				500
6	30	略	职工薪酬费用分配表		11 400			11 400
6	30	略	折旧及其他费用分配表			2000	1500	3500
6	30	略	合　　计	500	11 400	2000	1500	15 400
6	30	略	本月转出	500	11 400	2000	1500	15 400

表 6-11　供电车间辅助生产成本明细账

车间：供电车间　　　　　　　　　　201×年 6 月　　　　　　　　　　单位：元

201×年		凭证号数	摘　　要	材料费	职工薪酬	折旧费	其他费用	合　　计
月	日							
6	30	略	材料费用分配表	1000				1000

201X 年		凭证 号数	摘　要	材料费	职工薪酬	折旧费	其他费用	合　计
月	日							
6	30	略	职工薪酬费用分配表		8700			8700
6	30	略	折旧及其他费用分配表			5500	2800	8300
6	30	略	合　计	1000	8700	5500	2800	18 000
6	30	略	本月转出	1000	8700	5500	2 800	18 000

表 6-12　辅助生产费用分配表

201×年6月

费用及相关项	供水车间		供电车间		合　计
待分配费用	15 400 元		18 000 元		33 400 元
供应辅助生产车间之外的劳务	3080 吨		30 000 千瓦时		
费用分配率	5 元/吨		0.6 元/千瓦时		
制造费用	耗用劳务量	3000 吨	耗用劳务量	25 000 千瓦时	30 000 元
	应分配金额	15 000 元	应分配金额	15 000 元	
管理费用	耗用劳务量	80 吨	耗用劳务量	5000 千瓦时	3400 元
	应分配金额	400 元	应分配金额	3000 元	

根据表 6-12 编制会计分录。

借：制造费用　　　　　　　　　　　　30 000
　　管理费用　　　　　　　　　　　　3400
　　　贷：生产成本——辅助生产成本(供水车间)　　15 400
　　　　　　　　——辅助生产成本(供电车间)　　18 000

③ 根据各费用分配表编制的记账凭证，登记基本生产车间制造费用明细账，如表 6-13 所示，并编制制造费用分配表，如表 6-14 所示。

表 6-13　制造费用明细账

车间：基本生产车间　　　　　　　201×年6月　　　　　　　单位：元

201X 年		凭证 号数	摘　要	材料费	职工 薪酬	折旧费	其他 费用	水费	电费	合　计
月	日									
6	30	略	材料费用分配表	3000						3000
6	30	略	职工薪酬费用分配表		24 600					24 600
6	30	略	折旧及其他费用分配表			8400	15 000			23 400
6	30	略	辅助生产费用分配表					15 000	15 000	30 000
6	30	略	合　计	3000	24 600	8400	15 000	15 000	15 000	81 000
6	30	略	本月转出	3000	24 600	8400	15 000	15 000	15 000	81 000

表6-14　制造费用分配表

车间：基本生产车间　　　　　　　　　　　201×年6月

产品名称	生产工时/小时	分配率/(元/小时)	分配金额/元
甲产品	6000		48 600
乙产品	4000		32 400
合　计	10 000	8.1	81 000

根据表6-14编制会计分录。

借：生产成本——基本生产成本(甲产品)　　　48 600
　　　　　　——基本生产成本(乙产品)　　　32 400
　　贷：制造费用　　　　　　　　　　　　　　　　　　81 000

④ 根据各项费用分配表、产品产量表、月初在产品成本等资料登记甲、乙产品生产成本明细账，计算完工产品成本和月末在产品成本，并编制完工产品成本汇总表，如表6-15～表6-17所示。

表6-15　甲产品生产成本明细账

产品名称：甲产品　　　　　　　　　　201×年6月　　　　　　　　　　单位：元

201×年		凭证号数	摘　要	成本项目			合　计
月	日			直接材料	直接人工	制造费用	
6	1	略	月初在产品成本	19 300	16 160	11 400	46 860
6	30	略	材料费用分配表	77 200			77 200
6	30	略	职工薪酬分配表		51 840		51 840
6	30	略	制造费用分配表			48 600	48 600
6	30	略	生产费用合计	96 500	68 000	60 000	224 500
6	30	略	结转本月完工产品成本	96 500	68 000	60 000	224 500
6	30	略	完工产品单位成本	193	136	120	449

表6-16　乙产品生产成本明细账

产品名称：乙产品　　　　　　　　　　201×年6月　　　　　　　　　　单位：元

201×年		凭证号数	摘　要	成本项目			合　计
月	日			直接材料	直接人工	制造费用	
6	1	略	月初在产品成本	21 000	14 270	13 390	48 660
6	30	略	材料费用分配表	52 300			52 300
6	30	略	职工薪酬分配表		34 560		34 560
6	30	略	制造费用分配表			32 400	32 400
6	30	略	生产费用合计	73 300	48 830	45 790	167 920
6	30	略	分配率	36.65	25.7	24.1	86.45
6	30	略	结转本月完工产品成本	65 970	46 260	43 380	155 610
6	30	略	月末在产品成本	7330	2570	2410	12 310

表 6-17　完工产品成本汇总表

201×年 6 月　　　　　　　　　　　　　　　　　　　　单位：元

成本项目	甲产品		乙产品	
	总成本	单位成本	总成本	单位成本
直接材料	96 500	193	65 970	36.65
直接人工	68 000	136	46 260	25.7
制造费用	60 000	120	43 380	24.1
合　计	224 500	449	155 610	86.45

根据表 6-17 编制会计分录，结转完工产品成本。

借：库存商品——甲产品　　　　224 500

　　　　　　——乙产品　　　　155 610

　　贷：生产成本——基本生产成本(甲产品)　　224 500

　　　　　　　　——基本生产成本(乙产品)　　155 610

项 目 小 结

本项目对产品成本计算的品种法进行了全面系统的论述，包括品种法的特点、适用范围、成本核算程序及其相应的账务处理。

品种法是以产品品种为成本计算对象的，以产品品种为对象来计算成本是最基本的，因此品种法是产品成本计算方法中最基本的方法。

练 习 题

一、单项选择题

(1) 品种法的成本计算对象是(　　　)。

A. 产品品种　　　　　　　　　　　B. 产品批别

C. 产品生产步骤　　　　　　　　　D. 产品类别

(2) 下列属于产品成本计算的基本方法的是(　　　)。

A. 品种法　　　B. 分批法　　　C. 分步法　　　D. 分类法

(3) 大量大批单步骤生产和管理上不需要分步骤计算成本的大量大批多步骤生产可采用(　　　)成本计算方法。

A. 分批法　　　B. 分步法　　　C. 品种法　　　D. 以上方法都可以

(4) 采用品种法，生产成本明细账应当按照(　　　)来开设。

A. 生产车间　　　B. 生产步骤　　　C. 生产批别　　　D. 产品品种

(5) 下列关于品种法表述正确的是(　　　)。

A. 适用于单步骤、小批量生产的企业

B. 品种法下一般不需要定期计算产品成本

C. 品种法只能计算出最终产成品的成本

D. 生产费用不需要在完工产品和在产品之间进行分配

二、多项选择题

(1) 品种法的特点是(　　)。

　　A. 成本核算对象是产品品种

　　B. 一般定期计算产品成本

　　C. 生产费用不需要在完工产品和在产品之间进行分配

　　D. 成本计算期与产品的生产周期保持一致

(2) 品种法适用于(　　)。

　　A. 单件小批单步骤生产

　　B. 大量大批单步骤生产

　　C. 管理上不要求分步骤计算产品成本的单件小批多步骤生产

　　D. 管理上不要求分步骤计算产品成本的大量大批多步骤生产

(3) 品种法和分批法的主要区别在于(　　)。

　　A. 成本计算对象不同　　　　　　　　B. 成本计算期不同

　　C. 生产周期不同　　　　　　　　　　D. 会计核算期不同

(4) 关于品种法，下列说法不正确的是(　　)。

　　A. 成本计算对象是产品的订单

　　B. 按生产部门开设产品成本明细账

　　C. 在月末一定有在产品

　　D. 成本计算期固定

(5) 下列企业中，适合采用品种法计算产品成本的有(　　)。

　　A. 采掘企业　　　　　　　　　　　　B. 供电企业

　　C. 供水企业　　　　　　　　　　　　D. 出售半成品的纺织企业

三、判断题

(1) 产品成本计算的品种法是以产品品种为成本计算对象，归集生产费用、计算产品成本的一种方法。　　　　　　　　　　　　　　　　　　　　　　　　　　　　　　(　　)

(2) 根据企业生产经营特点和管理要求，大量大批单步骤生产的产品一般采用品种法计算产品成本。　　　　　　　　　　　　　　　　　　　　　　　　　　　　　　　(　　)

(3) 品种法是按月定期计算产品成本的。　　　　　　　　　　　　　　　(　　)

(4) 品种法不需要在各种产品之间分配费用，也不需要在完工产品和月末在产品之间分配费用。　　　　　　　　　　　　　　　　　　　　　　　　　　　　　　　　(　　)

(5) 成本计算方法中最基本的方法是品种法。　　　　　　　　　　　　　(　　)

四、综合实训题

实训一

(一)实训目的:通过实训,掌握品种法的核算。

(二)实训资料:

某企业为单步骤生产企业,设有一个基本生产车间,大量生产甲、乙两种产品。设有机修、供水两个辅助生产车间,为全厂提供劳务。辅助生产车间之间相互提供的产品和劳务,采用计划成本分配法分配。辅助生产车间不单独核算制造费用。生产所需原材料均在生产开工时一次投入,月末在产品完工程度均为50%。201×年6月份成本有关资料如下。

(1) 生产情况如表6-18所示。

表6-18 产品产量表

201×年6月 单位:件

产品名称	月初在产品	本月投入	本月完工产品	月末在产品
甲产品	50	700	450	300
乙产品	70	580	650	

(2) 月初在产品成本如表6-19所示。

表6-19 月初在产品成本

201×年6月 单位:元

产品名称	直接人工	直接人工	制造费用	合　计
甲产品	10 000	4080	6186	20 266
乙产品	9175	7030	3034	19 239
合计	19 175	11 110	9220	39 505

(3) 本月发生的生产费用如表6-20~表6-22所示。

表6-20 本月材料费用表

201×年6月 单位:元

领料用途	直接领用 A产品	共同耗用 B材料	B材料定额 耗用量/千克
甲产品	40 000		1000
乙产品	50 000		1100
小计	90 000	21 000	
基本生产车间一般耗用	5000		
机修车间	14 000		

续表

领料用途	直接领用 A 产品	共同耗用 B 材料	B 材料定额 耗用量/千克
供水车间	6000		
合计	115 000	21 000	

表 6-21 本月职工薪酬费用表

201×年 6 月 单位：元

人员类别	应付工资	应付福利费	合 计
基本生产车间产品生产工人	17 000	2380	19 380
基本生产车间管理人员	7000	980	7980
机修车间人员	10 000	1400	11 400
供水车间人员	8000	1120	9120
合 计	42 000	5880	47 880

表 6-22 本月折旧及其他费用表

201×年 6 月 单位：元

费用内容 车间名称	折旧费	其他费用	合 计
基本生产车间	10 000	7500	17 500
机修车间	4000	3000	7000
供水车间	6000	4500	10 500
合 计	20 000	15 000	35 000

(4) 工时记录：甲产品 4000 小时，乙产品 4500 小时。

(5) 辅助生产车间为生产车间提供的产品及劳务量如表 6-23 所示。

表 6-23 本月其他费用表

201×年 6 月

供应单位 受益单位	机修车间/小时	供水车间/吨	单位计划成本
供水车间	100		0.9 元/吨
机修车间		1000	10 元/小时
基本生产车间	3100	29 000	
合计	3200	30 000	

(6) 有关分配方法。

① 甲、乙产品共同耗用的材料费用按定额消耗量比例分配。

② 职工薪酬、制造费用按甲、乙两产品的生产工时比例分配。

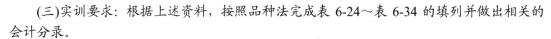

(三)实训要求：根据上述资料，按照品种法完成表 6-24～表 6-34 的填列并做出相关的会计分录。

(1) 材料费用分配表(见表 6-24)。

表 6-24　材料费用分配表

201×年 6 月　　　　　　　　　　　　　　　　　　　　单位：元

项　目		直接材料 A	分配率	分配共同材料 B	合　计
生产成本—— 基本生产成本	甲产品				
	乙产品				
	小计				
制造费用					
生产成本—— 辅助生产成本	机修车间				
	供水车间				
合　计					

(2) 职工薪酬费用分配表(见表 6-25)。

表 6-25　职工薪酬费用分配表

201×年 6 月　　　　　　　　　　　　　　　　　　　　单位：元

项　目		生产工时	分配率	分配金额	合　计
生产成本—— 基本生产成本	甲产品				
	乙产品				
	小计				
制造费用					
生产成本—— 辅助生产成本	机修车间				
	供水车间				
合　计					

(3) 折旧及其他费用分配表(见表 6-26)。

表 6-26　折旧及其他费用分配表

201×年 6 月　　　　　　　　　　　　　　　　　　　　单位：元

项　目		折旧费	其他费用	合　计
制造费用				
生产成本—— 辅助生产成本	机修车间			
	供水车间			
合　计				

(4) 辅助生产费用分配。

① 根据上述有关费用要素分配表，将属于辅助生产车间耗用的费用归集到辅助生产成本明细账(见表 6-27、表 6-28)。

表 6-27 机修车间辅助生产成本明细账

车间：机修车间 　　　　　　　　　201×年 6 月 　　　　　　　　　单位：元

201X 年		凭证	摘　要	材料费	职工薪酬	折旧费	其他费用	合　计
月	日	号数						
6	30	略	材料费用分配表					
6	30	略	职工薪酬费用分配表					
6	30	略	折旧及其他费用分配表					
6	30	略	合　计					
6	30	略	本月转出					

表 6-28 供水车间辅助生产成本明细账

车间：供水车间 　　　　　　　　　201×年 6 月 　　　　　　　　　单位：元

201X 年		凭证	摘　要	材料费	职工薪酬	折旧费	其他费用	合　计
月	日	号数						
6	30	略	材料费用分配表					
6	30	略	职工薪酬费用分配表					
6	30	略	折旧及其他费用分配表					
6	30	略	合　计					
6	30	略	本月转出					

② 根据辅助生产成本明细账中归集的辅助生产费用，采用计划成本分配法分配给各受益对象(见表 6-29)。

表 6-29 辅助生产费用分配表

201×年 6 月 　　　　　　　　　单位：元

受益单位	劳务供应		机修车间		供水车间		合　计
			数量/小时	费用	数量/吨	费用	
待分配的数量和费用							
计划单位成本							
辅助生产成本	机修车间	水费					
	供水车间	修理费					
	小　计						
制造费用	基本生产车间	水费					
		修理费					
	小　计						
按计划成本分配合计							
辅助生产实际成本							
辅助生产成本差异							

(5) 制造费用分配。

① 根据上述有关费用要素分配表，将属于基本生产车间发生的制造费用归集到制造费用明细账(见表6-30)。

表6-30　制造费用明细账

车间：基本生产车间　　　　　　　　　　201×年6月　　　　　　　　　　单位：元

201X 年		凭证号数	摘　要	材料费	职工薪酬	折旧费	其他费用	机修费	水费	合计
月	日									
6	30	略	材料费用分配表							
6	30	略	职工薪酬费用分配表							
6	30	略	折旧及其他费用分配表							
6	30	略	辅助生产费用分配表							
6	30	略	合　计							
6	30	略	本月转出							

② 根据制造费用明细账及生产工时，编制制造费用分配表(见表6-31)，将生产费用分配给甲、乙两种产品。

表6-31　制造费用分配表

车间：基本生产车间　　　　　　　　　　201×年6月　　　　　　　　　　单位：元

产品名称	生产工时	分配率	分配金额
甲产品			
乙产品			
合　计			

(6) 将生产费用在完工产品和月末在产品之间进行分配。

① 登记甲、乙产品的基本生产成本明细账，采用约当产量比例法将生产费用在完工产品和月末在产品之间进行分配(见表6-32、表6-33)。

表6-32　甲产品生产成本明细账

产品名称：甲产品　　　　　　　　　　　201×年6月　　　　　　　　　　单位：元

201X 年		凭证号数	摘　要	成本项目			合　计
月	日			直接材料	直接人工	制造费用	
6	1	略	月初在产品成本				
6	30	略	材料费用分配表				
6	30	略	职工薪酬分配表				
6	30	略	制造费用分配表				
6	30	略	生产费用合计				
6	30	略	分配率				
6	30	略	结转完工产品成本				
6	30	略	月末在产品成本				

表 6-33　乙产品生产成本明细账

产品名称：乙产品　　　　　　　　　　201×年 6 月　　　　　　　　　　单位：元

| 201X 年 | | 凭证号数 | 摘　要 | 成本项目 | | | 合　计 |
月	日			直接材料	直接人工	制造费用	
6	1	略	月初在产品成本				
6	30	略	材料费用分配表				
6	30	略	职工薪酬分配表				
6	30	略	制造费用分配表				
6	30	略	生产费用合计				
6	30	略	结转完工产品成本				
6	30	略	完工产品单位成本				

② 根据甲、乙产品的基本生产成本明细账，编制甲、乙产品的完工产品成本汇总表 (见表 6-34)。

表 6-34　完工产品成本汇总表

201×年 6 月　　　　　　　　　　单位：元

| 成本项目 | 甲产品 | | 乙产品 | |
	总成本	单位成本	总成本	单位成本
直接材料				
直接人工				
制造费用				
合　计				

项目七
工业企业产品成本计算的分批法

学习目标

- 熟悉分批法的含义、特点和适用范围。
- 熟悉简化分批法的含义和适用范围。
- 掌握分批法、简化分批法的成本核算程序。
- 掌握分批法、简化分批法的产品成本计算。
- 掌握分批法、简化分批法的相关账务处理。

技能要求

- 会运用分批法、简化分批法计算产品成本。
- 会进行分批法、简化分批法相关的账务处理。

任务一　分批法的含义及特点

一、分批法的含义

分批法，是指以产品批别作为成本计算对象，归集和分配生产成本，计算产品成本的一种方法。采用分批法，不要求按照产品品种、生产步骤计算产品成本，只要求计算出产品的批别成本即可。

分批法主要适用于单件、小批生产的企业，如造船、重型机器制造、精密仪器制造等，也可用于一般企业中的新产品试制或试验的生产、在建工程以及设备修理作业等。

二、分批法的特点

(一)成本计算对象

分批法的成本计算对象是产品批别。在单件和小批生产中，产品的种类和每批产品的批量，大多是根据购买单位的订单确定，因而按批、按件计算产品成本，往往也就是按照订单计算产品成本。

需要说明的是，如果在一张订单中规定有几种产品，或者虽然只有一种产品但其数量较大而又要求分批交货时，企业生产计划部门可以将上述订单按照产品品种划分批别组织生产，或将同类产品划分数批组织生产来计算产品成本。

如果一张订单中只有一件产品，但其属于大型复杂的产品，价值较大，生产周期较长，如大型船舶制造，也可以按照产品的组成部分分批组织生产来计算产品成本。

如果在同一时期内，企业接到不同购货单位要求生产同一产品的几张订单，为了经济、合理地组织生产，企业生产计划部门也可以将其合并为一批组织生产来计算产品成本。这种情况下，分批法的成本计算对象就不是购货单位的订货单，而是企业生产计划部门签发下达的生产任务通知单，单内应对该批生产任务进行编号，称为产品批号或生产令号。

(二)成本计算期

分批法下产品成本的计算是与生产任务通知单的签发和结束紧密配合的，因此，产品成本计算是不定期的。成本计算期与产品生产周期基本一致，与会计计算期不一致。

(三)生产费用在完工产品和在产品之间分配

分批法下由于成本计算期与产品的生产周期基本一致，因此，在计算月末在产品成本时，一般不需要将生产费用在完工产品和在产品之间进行分配。

在单件生产中，产品完工前，产品成本明细账所记录的生产费用就是在产品成本；产品完工时，产品成本明细账所记录的生产费用就是完工产品的成本。因而在月末计算成本时，不需要将生产费用在完工产品和在产品之间进行分配。

在小批生产中，由于产品批量较小，批内产品一般都能同时完工，或者在相距不久的时间内全部完工。月末计算成本时，或是全部已经完工，或是全部没有完工，因而一般不需要将生产费用在完工产品和在产品之间进行分配。

小批生产中，如果批内产品有跨月陆续完工的情况，在月末计算产品成本时，一部分产品已完工，另一部分产品尚未完工，这时就有必要将生产费用在完工产品和在产品之间进行分配，计算本月完工产品成本和月末在产品成本。

如果批内产品跨月陆续完工的情况不多，月末完工产品数量占批量的比重较小，则可以采用按计划单位成本、定额单位成本或近期相同产品的实际单位成本计算完工产品成本，将完工产品成本从产品成本明细账中转出，剩余数额即为月末在产品成本。在该批产品全部完工时，应计算该批产品的实际总成本和单位成本，但对已经转账的完工产品成本不做账面调整。这种分配方法核算工作简单，但分配结果的计算不太准确。

如果批内产品跨月陆续完工的情况较多，本月完工产品数量占批量的比重较大，为了提高成本计算的准确性，应采用适当的方法将生产费用在完工产品和月末在产品之间进行分配，计算本月完工产品成本和月末在产品成本。

任务二　分批法的成本核算程序

分批法的成本核算程序主要有以下几个步骤。

(一)按产品批别设置生产成本明细账

按产品批别设置生产成本明细账，按成本项目开设专栏，如"直接材料""直接人工""制造费用"等。

(二)按批别归集和分配本月生产费用，登记有关明细账

根据各项费用的原始凭证及相关资料编制各种要素费用分配表，将本月的各种要素费用进行分配。生产产品发生的直接费用，如"直接材料""直接人工"等费用直接记入各批别产品成本明细账对应的成本项目；间接费用先在制造费用明细账中进行归集；辅助生产车间发生的费用在辅助生产成本明细账中进行归集。

(三)分配辅助生产费用

根据辅助生产成本明细账编制辅助生产成本分配表，将辅助生产车间归集的生产费用采用适当的方法在各批别之间进行分配，并据以登记有关成本费用明细账。

(四)分配基本生产车间制造费用

根据基本生产车间制造费用明细账编制制造费用分配表，在各批别之间分配制造费用，并据以登记生产成本明细账。

(五)计算完工产品成本

采用分批法一般不需要将生产费用在完工产品和在产品之间进行分配。但如果某批产品出现跨月陆续完工的情况，则需要将该批别产品生产成本明细账中的全部费用，采用一定的方法在本月完工产品和月末在产品之间进行分配，计算出完工产品成本和月末在产品成本。

(六)结转完工产品成本

根据各批别产品生产成本明细账,编制完工产品成本汇总表,汇总计算各批别完工产品的总成本和单位成本,结转完工产品成本。

任务三　分批法应用举例

【例 7-1】　阳光公司根据购货单位的订单小批生产甲、乙产品,采用分批法计算产品成本。该公司 201×年 7 月份有关资料如下。

(1) 本月生产产品的批号及各批别产品投产完工情况如表 7-1 所示。

表 7-1　生产记录表

批　号	产品品种	开工日期	投产批量/件	本月完工数量/件	月末在产品的数量/件
101	甲产品	6 月 5 日	6	6	
106	甲产品	6 月 16 日	10	8	2
108	乙产品	7 月 7 日	9	1	8
109	乙产品	7 月 20 日	12		12

(2) 月初在产品成本如表 7-2 所示。

表 7-2　月初在产品成本表

单位:元

批　号	直接材料	直接人工	制造费用	合　计
101	8000	4000	6000	18 000
106	10 000	6000	8250	24 250

(3) 本月生产费用如表 7-3 所示。

表 7-3　本月生产费用表

单位:元

批　号	直接材料	直接人工	制造费用	合　计
101	4000	2000	1200	7200
106	5000	3000	1650	9650
108	9500	4500	5000	19 000
109	5000	2600	2800	10 400

(4) 生产费用在完工产品和月末在产品之间分配的方法。

106 批号甲产品,本月末完工产品数量较大。原材料是在生产开始时一次投入,原材料费用可以按照完工产品数量和月末在产品的实际数量进行分配;其他费用采用约当产量法进行分配,在产品的完工程度为 50%。

108 批号乙产品,本月末完工产品数量为 1 件。为简化核算,完工产品按计划成本转出,每件完工产品计划成本为:直接材料 1100 元,直接人工 550 元,制造费用 600 元,合计 2250 元。

要求：根据上述各项资料，登记各批别产品成本明细账，如表 7-4~表 7-7 所示。

表 7-4 生产成本明细账(1)

产品批号：101　　　　　产品名称：甲产品　　　　　　　　　　　　　　　开工日期：6 月 5 日

购货单位：A 公司　　　　批量：6　　　　　　　　　　　　　　完工日期：7 月　　　　单位：元

| 201X 年 | | 凭证号数 | 摘　要 | 成本项目 | | | 合　计 |
月	日			直接材料	直接人工	制造费用	
7	1	略	月初在产品成本	8000	4000	6000	18 000
7	31	略	本月生产费用	4000	2000	1200	7200
7	31	略	生产费用合计	12 000	6000	7200	25 200
7	31	略	结转完工产品(6 件)成本	12 000	6000	7200	25 200
7	31	略	完工产品单位成本	2000	1000	1200	4200
7	31	略	月末在产品成本	0	0	0	0

表 7-5 生产成本明细账(2)

产品批号：106　　　　　产品名称：甲产品　　　　　　　　　　　　　　　开工日期：6 月 16 日

购货单位：B 公司　　　　批量：10　　　　　　　　　　　　　完工日期：7 月完工 8 件

单位：元

| 201X 年 | | 凭证号数 | 摘　要 | 成本项目 | | | 合　计 |
月	日			直接材料	直接人工	制造费用	
7	1	略	月初在产品成本	10 000	6000	8250	24 250
7	31	略	本月生产费用	5000	3000	1650	9650
7	31	略	生产费用合计	15 000	9000	9900	33 900
7	31	略	结转完工产品(8 件)成本	12 000	8000	8800	28 800
7	31	略	完工产品单位成本	1500	1000	1100	3600
7	31	略	月末在产品成本	3000	1000	1100	5100

表 7-6 生产成本明细账(3)

产品批号：108　　　　　产品名称：乙产品　　　　　　　　　　　　　　　开工日期：7 月 7 日

购货单位：C 公司　　　　批量：9　　　　　　　　　　　　　完工日期：7 月完工 1 件

单位：元

| 201X 年 | | 凭证号数 | 摘　要 | 成本项目 | | | 合　计 |
月	日			直接材料	直接人工	制造费用	
7	31	略	本月生产费用	9500	4500	5000	19 000
7	31	略	单位计划成本	1100	550	600	2250
7	31	略	结转完工产品(1 件)成本	1100	550	600	2250
	31	略	月末在产品成本	8400	3950	4400	16 750

表 7-7　生产成本明细账(4)

产品批号：109　　　产品名称：乙产品　　　　　　　　开工日期：7 月 20 日
购货单位：D 公司　　批量：12　　　　　　　　　　　完工日期：

单位：元

| 201X 年 | | 凭证 | 摘　要 | 成本项目 | | | 合　计 |
月	日	号数		直接材料	直接人工	制造费用	
7	31	略	本月生产费用	5000	2600	2800	10 400

任务四　简化分批法的核算

一、简化分批法的含义

在单件小批生产的企业或车间中，同一月份内投产的产品批数往往很多，有的多达几十批，甚至上百批。在这种情况下，各种间接计入的费用在各批产品之间按月进行分配的工作极为繁重，可采用简化的分批法，即不分批计算在产品成本分批法。采用这种方法，仍应按产品批别设立产品成本明细账，但在各该批产品完工前，账内只按月登记直接计入的费用(如直接材料)和生产工时，只有在有完工产品的月份，才对完工产品按照其累计工时的比例分配间接计入的费用，计算、登记各批完工产品成本。而全部在产品应负担的间接计入费用，则以总数反映在基本生产成本二级账中，不进行分配，不分批计算。

二、简化分批法的特点

首先，每月发生的各项间接计入费用，不是按月在各批产品之间进行分配，而是将其分别累计后，在产品完工时，按照完工产品累计生产工时的比例，在各批完工产品之间进行分配。因此，这种方法也叫"累计间接费用分配法"，有的还称之为"不分批计算在产品成本分批法"。间接费用分配的计算公式如下：

$$累计间接费用分配率 = \frac{全部产品累计间接费用}{全部产品累计生产工时}$$

$$= \frac{期初结存的全部在产品间接费用 + 本月发生的全部产品间接费用}{期初结存的全部在产品生产工时 + 本月发生的全部产品生产工时}$$

某批完工产品应负担的间接费用 = 该批完工产品累计工时 × 累计间接费用分配率

其次，必须设立"基本生产成本二级账"，按成本项目登记全部产品的月初在产品成本、本月生产费用、累计生产费用、月初在产品生产工时、本月生产工时和累计生产工时，按月提供全部产品的累计生产费用和生产工时资料，计算全部产品累计间接费用分配率。由此可以看出，在简化的分批法下，各批产品之间分配间接费用的工作以及完工产品与月末在产品之间分配费用的工作，是利用累计间接费用分配率，到产品完工时合并在一起进行的，即各项间接费用累计分配率，既是在各批完工产品之间分配费用的依据，也是在完工批别与月末在产品批别之间，以及某批产品的完工产品与月末在产品之间分配费用的依据。因此，该方法在各月间接费用水平相差悬殊的情况下不宜采用，月末未完工产品的批别不多的情况下也不宜采用，否则，影响计算的正确性。

三、简化分批法的成本核算程序

第一步：按产品批别设立基本生产成本明细账，但在产品完工前，明细账内只登记直接计入费用和生产工时。

第二步：设立基本生产成本二级账。二级账中登记按月提供的全部产品(所有批别)的累计直接计入费用、累计生产工时、累计间接计入费用。每月发生的间接计入费用不需要在各批产品之间进行分配，而是按成本项目以累计的形式登记在基本生产成本二级账中。

第三步：在有完工产品的月份，分配间接计入费用，计算完工产品负担的间接计入费用。对于直接计入费用，若该批产品全部完工，则累计生产费用就是完工产品的直接计入费用；若该批产品部分完工，则需要在完工产品和在产品之间分配费用。

第四步：将计算出来的完工产品应负担的累计直接计入费用和累计间接计入费用在各批别的成本明细账中登记，并汇总该批别的完工产品总成本和单位成本。

第五步：将各批别已经计算出的完工产品总成本合计数(按成本项目)登记到"基本生产成本二级账"中。

四、简化分批法应用举例

【例 7-2】　阳光公司分批生产多种产品，产品批次和月末未完工产品批次都较多，为了简化成本核算工作，采用简化分批法计算产品成本。201×年 7 月份基本资料如下。

(1) 本月生产产品的批号及各批别产品投产完工情况如表 7-8 所示。

表 7-8　生产记录表

批号	产品品种	开工日期	投产批量/件	本月完工数量/件	月末在产品的数量/件
201	A 产品	5 月 5 日	16	16	
206	B 产品	6 月 6 日	20	10	10
208	C 产品	6 月 8 日	30		30
209	D 产品	7 月 7 日	25		25

(2) 月初在产品成本如表 7-9 所示。

表 7-9　月初在产品成本表

批号	产品品种	累计工时	累计直接材料/元	累计直接人工/元	累计制造费用/元
201	A 产品	2500	6000		
206	B 产品	1500	10 000		

续表

批号	产品品种	累计工时	累计直接材料/元	累计直接人工/元	累计制造费用/元
208	C 产品	2500	11 000		
合计		6500	27 000	29 800	12 120

(3) 本月生产费用如表 7-10 所示。

表 7-10　本月生产费用表

批号	产品品种	累计工时	累计直接材料/元	累计直接人工/元	累计制造费用/元
201	A 产品	700	400		
206	B 产品	2000			
208	C 产品	3000	12 000		
209	D 产品	3500	14 000		
合计		9200	26 400	36 140	13 000

表 7-9 中批号为 206 的 B 产品，其原材料在生产开始时一次投入，完工产品所耗工时为 1900 小时，月末在产品的工时为 1600 小时。

要求：根据上述各项资料，编制华中公司基本生产成本二级账如表 7-11 所示，编制产品成本明细账如表 7-12～表 7-15 所示。

表 7-11　基本生产成本二级账

| 201×年 | | 凭证 | 摘要 | 生产工时 | 成本项目/元 | | | 合计/元 |
月	日	号数			直接材料	直接人工	制造费用	
6	30	略	累计发生	6500	27 000	29 800	12 120	68 920
7	31	略	本月发生	9200	26 400	36 140	13 000	75 540
7	31	略	累计发生	15 700	53 400	65 940	25 120	144 460
7	31	略	累计间接费用分配率			4.2	1.6	
7	31	略	本月完工转出	5100	11 400	21 420	8160	40 980
7	31	略	月末在产品	10 600	42 000	44 520	16 960	103 480

表 7-12　生产成本明细账(5)

产品批号：201　　　　　产品名称：A 产品　　　　　　　　　　开工日期：5 月 5 日

购货单位：华山公司　　　批量：16　　　　　　　　　　　　　完工日期：7 月

| 201X 年 | | 凭证 | 摘要 | 生产工时 | 成本项目/元 | | | 合计/元 |
月	日	号数			直接材料	直接人工	制造费用	
6	30	略	累计发生	2500	6000			
7	31	略	本月发生	700	400			
7	31	略	累计发生	3200	6400			

201X 年		凭证号数	摘　要	生产工时	成本项目/元			合计/元
月	日				直接材料	直接人工	制造费用	
7	31	略	累计间接费用分配率			4.2	1.6	
7	31	略	本月完工转出	3200	6400	13 440	5120	24 960
7	31	略	单位成本		400	840	320	1560

表 7-13　生产成本明细账(6)

产品批号：206　　　　　　产品名称：B 产品　　　　　　　　　　　　　　开工日期：6 月 6 日

购货单位：华山公司　　　　批量：20　　　　　　　　　　　　　　　　　完工日期：7 月完工 10 件

201X 年		凭证号数	摘　要	生产工时	成本项目/元			合计/元
月	日				直接材料	直接人工	制造费用	
6	30	略	累计发生	1500	10 000			
7	31	略	本月发生	2000				
7	31	略	累计发生	3500	10 000			
7	31	略	累计间接费用分配率			4.2	1.6	
7	31	略	本月完工转出	1900	5000	7980	3040	16 020
7	31	略	单位成本		500	798	304	1602
7	31	略	月末在产品	1600	5000			

表 7-14　生产成本明细账(7)

产品批号：208　　　　　　产品名称：C 产品　　　　　　　　　　　　　　开工日期：6 月 8 日

购货单位：恒山公司　　　　批量：30　　　　　　　　　　　　　　　　　完工日期：

201X 年		凭证号数	摘　要	生产工时	成本项目/元			合计/元
月	日				直接材料	直接人工	制造费用	
6	30	略	累计发生	2500	11 000			
7	31	略	本月发生	3000	12 000			

表 7-15　生产成本明细账(8)

产品批号：209　　　　　　产品名称：D 产品　　　　　　　　　　　　　　开工日期：7 月 7 日

购货单位：中山公司　　　　批量：25　　　　　　　　　　　　　　　　　完工日期：

201X 年		凭证号数	摘　要	生产工时	成本项目/元			合计/元
月	日				直接材料	直接人工	制造费用	
7	31	略	本月发生	3500	14 000			

项 目 小 结

本项目对产品成本计算的分批法进行了全面系统的论述，论述了分批法的特点、适用范围、成本核算程序及其相应的账务处理。

分批法的成本计算对象一般情况下是客户的订单。对于分批法，可以简化它的计算，就是简化分批法。学习简化分批法一定要从实务角度出发，弄清楚其简化的实务操作程序。

练 习 题

一、单项选择题

(1) 采用分批法计算产品成本时，以(　　　)作为成本核算对象。

    A. 产品品种　　　B. 产品批别　　　　C. 生产步骤　　D. 产品产量

(2) 分批法成本计算对象的确定通常是根据(　　　)。

    A. 用户订单　　　B. 产品品种　　　　C. 用户要求　　D. 产品的生产步骤

(3) 分批法适用于(　　　)。

    A. 小批单件生产　　　　　　　　　B. 大批大量生产

    C. 大量大批多步骤生产　　　　　　D. 大量大批单步骤生产

(4) 一般不需要在完工产品和在产品之间分配生产费用的产品成本计算方法是(　　　)。

    A. 分批法　　　B. 分步法　　　　C. 品种法　　　D. 以上方法都可以

(5) 采用分批法计算产品成本时，若是单件生产，月末计算产品成本时，(　　　)。

    A. 需要将生产费用在完工产品和在产品之间进行分配

    B. 不需要将生产费用在完工产品和在产品之间进行分配

    C. 区别不同情况确定是否分配生产费用

    D. 应采用同小批生产一样的分配方法

(6) 成本计算期与生产周期一致的成本计算方法是 (　　　)。

    A. 品种法　　　B. 分批法　　　　C. 分步法　　　D. 分类法

(7) 以下各选项中，必须设立基本生产成本二级账的是(　　　)。

    A. 品种法　　　B. 分步法　　　　C. 一般分批法　D. 简化分批法

(8) 采用简化分批法，在产品完工之前，产品成本明细账(　　　)。

    A. 不登记任何费用

    B. 只登记直接计入费用(如原材料费用)和生产工时

    C. 只登记原材料费用

    D. 登记间接计入费用，不登记直接计入费用

(9) 下列情况下，不宜采用简化分批法的是(　　　)。

    A. 各月间接计入费用水平相差不大　　B. 月末未完工产品批别较多

C. 同一月份投产的批别很多　　　　D. 各月间接计入费用水平相差较大

(10) 在简化的分批法下，关于累计间接费用分配率描述正确的是(　　)。

A. 只是完工产品与在产品之间分配间接费用的依据

B. 既是各批产品之间，也是完工产品与在产品之间分配间接费用的依据

C. 只是在各批在产品之间分配间接费用的依据

D. 只是在各批产品之间分配间接费用的依据

二、多项选择题

(1) 下列成本计算方法中，成本计算期与产品生产周期不一致的有(　　)。

A. 品种法　　　　B. 分批法　　　　C. 简化分批法　D. 分步法

(2) 分批法成本核算的特点有(　　)。

A. 以生产批别作为成本计算对象

B. 产品成本计算期与生产周期保持一致

C. 按月计算产成品成本

D. 单件生产不需要进行完工产品和在产品的成本分配

(3) 分批法适用于(　　)。

A. 小批生产

B. 管理上不要求分步骤计算成本的多步骤生产

C. 大量大批生产

D. 单件生产

(4) 采用分批法计算产品成本时，如果批内产品跨月陆续完工的情况不多，本月完工产品数量占批量的比重较小，先完工的产品可以(　　)从产品成本明细账转出。

A. 按计划单位成本计价

B. 按定额单位成本计价

C. 按近期相同产品的实际单位成本计价

D. 按实际单位成本计价

(5) 采用分批法计算产品成本时，如果批内产品跨月陆续完工的情况较多，本月完工产品数量占批量的比重较大，(　　)。

A. 月末需要将生产费用在完工产品和在产品之间进行分配

B. 月末不需要将生产费用在完工产品和在产品之间进行分配

C. 月末不需要计算产品成本，等到全部产品完工时再计算

D. 月末计算部分完工的完工产品成本

(6) 采用简化分批法时必须具备的条件为(　　)。

A. 各月的间接计入费用水平相差较大

B. 各月的间接计入费用水平相差不大

C. 月末未完工产品的批别比较多

D. 月末未完工产品的批别比较少

(7) 简化分批法对于没有完工产品的月份，产品成本明细账只登记(   )。

    A. 直接材料   B. 生产工时   C. 直接人工   D. 制造费用

(8) 采用简化分批法，(   )。

    A. 必须设立生产成本二级账

    B. 在产品完工之前，产品成本明细账只登记原材料费用和生产工时

    C. 在基本生产成本二级账中只登记费用

    D. 不分批计算在产品成本

(9) 采用简化分批法，基本生产成本二级账与产品成本明细账可以逐月核对的项目有(   )。

    A. 月末在产品所负担的原材料费用

    B. 月末在产品所负担的工资及福利费

    C. 月末在产品所负担的制造费用

    D. 月末在产品所消耗的生产工时数

(10) 以下关于简化分批法的说法正确的有(   )。

    A. 每月发生的各项间接计入费用，在产品完工时，按照完工产品累计生产工时的比例，在各批完工产品之间进行分配

    B. 全部产品某项间接费用分配率＝全部产品该项累计间接费用÷全部产品累计生产工时

    C. 必须设立基本生产成本二级账

    D. 该方法在各月间接费用水平相差较大的情况下不宜采用

三、判断题

(1) 分批法适用于大量大批单步骤生产的企业。   (　　)

(2) 分批法下，成本计算期与会计报告期一致，与生产周期通常不一致。   (　　)

(3) 成本计算方法中最基本的方法是分批法。   (　　)

(4) 分批法是按照产品品种归集生产费用、计算产品成本的一种方法。   (　　)

(5) 采用分批法计算产品成本时，月末一般不需要将生产费用在完工产品和在产品之间进行分配。   (　　)

(6) 作为分批法的产品成本计算批别，有时和产品订单不一致。   (　　)

(7) 在小批或单件生产的企业中，如果各个月份的间接计入费用水平相差不多，月末未完工产品的批别比较多，可采用简化分批法。   (　　)

(8) 采用简化分批法，产品完工之前产品成本明细账只登记各种材料费用。   (　　)

(9) 采用简化分批法必须设立基本生产成本二级账。   (　　)

(10) 简化分批法下的各项间接费用累计分配率，既是在各批完工产品之间分配费用的依据，也是在完工批别与月末在产品批别之间分配费用的依据。   (　　)

四、综合实训题

实训一

(一)实训目的：通过实训，掌握分批法的核算方法。

(二)实训资料：

某企业生产甲、乙两种产品，生产组织属于小批生产，采用分批法计算成本。

(1) 201×年 7 月份的产品批号有：111 批号，甲产品 10 台，本月投产，本月完工 6 台。222 批号，乙产品 10 台，本月投产，本月完工 2 台。

(2) 201×年 7 月份各批号生产费用资料如表 7-16 所示。

表 7-16　生产费用分配表

单位：元

批　　号	直接材料	直接人工	制造费用	合　　计
111	3360	2352	2800	8512
222	4600	3050	1980	9630

111 批号甲产品完工数量较大，原材料在生产开始时一次投入，其他费用在完工产品与在产品之间采用约当产量比例法分配，在产品完工程度为 50%。

222 批号乙产品完工数量较少，完工产品按计划成本结转。每台产品单位计划成本直接材料 460 元，直接人工 350 元，制造费用 240 元。

(三)实训要求：根据上述资料，采用分批法登记产品成本明细账，如表 7-17 和表 7-18 所示，计算各批别完工产品成本和月末在产品成本。

表 7-17　生产成本明细账(9)

产品批号：111　　产品名称：甲产品　　　　　　　　　　　　开工日期：7 月

购货单位：×××　　批量：10　　　　　　　　　　　　　　完工日期：7 月完工 6 台

单位：元

201×年		凭证号数	摘　　要	成本项目			合　　计
月	日			直接材料	直接人工	制造费用	

表 7-18　生产成本明细账(10)

产品批号：222　　产品名称：乙产品　　　　　　　　　　开工日期：7 月
购货单位：×××　　批量：10　　　　　　　　　　　　完工日期：7 月完工 2 台

单位：元

201×年		凭证号数	摘　要	成本项目			合　计
月	日			直接材料	直接人工	制造费用	

实训二

(一)实训目的：通过实训，掌握简化分批法的核算方法。

(二)实训资料：

某工业企业生产组织属于小批生产，产品批数多，而且月末有许多批别未完工，因而采用简化的分批法计算产品成本。

(1) 201×年 9 月份生产批别。

320 批：甲产品 5 件，8 月投产，9 月全部完工。

321 批：乙产品 10 件，8 月投产，9 月完工 6 件。

322 批：丙产品 5 件，8 月投产，尚未完工。

323 批：丁产品 6 件，9 月投产，尚未完工。

(2) 201×年 9 月末，各批别累计直接材料(材料在生产开始时一次性投入)和工时。

320 批：直接材料 18 000 元，工时 9020 小时。

321 批：直接材料 24 000 元，工时 21 500 小时。

322 批：直接材料 15 800 元，工时 8300 小时。

323 批：直接材料 11 080 元，工时 8 220 元小时。

(3) 201×年 9 月末，该厂全部产品累计直接材料 68 880 元，工时 47 040 小时，直接人工 18 816 元，制造费用 28 224 元。

(4) 201×年 9 月末，完工产品工时 23 020 元，其中乙产品完工产品工时 14 000 小时。

(三) 实训要求：根据上述资料，采用简化分批法登记基本生产成本二级账和各批别产品成本明细账。见表 7-19 ~ 表 7-23 所示，计算各批别完工产品成本。

7-19　基本生产成本二级账

201×年		凭证	摘　要	生产工时	成本项目/元			合计/元
月	日	号数			直接材料	直接人工	制造费用	

表 7-20　生产成本明细账(11)

产品批号：320　　　产品名称：甲产品　　　　　　　　　　　　　开工日期：8 月
购货单位：×××　　　批量：5　　　　　　　　　　　　　　　　完工日期：9 月 20 日

201×年		凭证	摘　要	生产工时	成本项目/元			合计/元
月	日	号数			直接材料	直接人工	制造费用	

表 7-21　生产成本明细账(12)

产品批号：321　　　产品名称：乙产品　　　　　　　　　　　　　开工日期：8 月
购货单位：×××　　　批量：10　　　　　　　　　　　　　　　完工日期：9 月完工 6 件

201×年		凭证	摘　要	生产工时	成本项目/元			合计/元
月	日	号数			直接材料	直接人工	制造费用	

高职高专会计专业规划教材

表 7-22　生产成本明细账(13)

产品批号：322　　　　产品名称：丙产品　　　　　　　　　　开工日期：8 月

购货单位：×××　　　　批量：5　　　　　　　　　　　　　　完工日期：

201×年		凭证号数	摘　要	生产工时	成本项目/元			合计/元
月	日				直接材料	直接人工	制造费用	

表 7-23　生产成本明细账(14)

产品批号：323　　　　产品名称：丁产品　　　　　　　　　　开工日期：9 月

购货单位：×××　　　　批量：6　　　　　　　　　　　　　　完工日期：

201×年		凭证号数	摘　要	生产工时	成本项目/元			合计/元
月	日				直接材料	直接人工	制造费用	

项目八
工业企业产品成本
计算的分步法

- 了解分步法的含义和特点。
- 明确逐步结转分步法、平行结转分步法的计算步骤。
- 掌握分步法的适用范围。

- 会使用逐步结转分步法计算产品成本。
- 会使用平行结转分步法计算产品成本。

任务一 分步法的含义及特点

一、分步法的含义

分步法是以产品生产步骤和产品品种为成本计算对象，来归集和分配生产费用、计算产品成本的一种方法。该方法适用于连续、大量、多步骤生产的工业企业，如冶金、水泥、纺织、酿酒、砖瓦等企业。这些企业，从原材料投入到产品完工，要经过若干连续的生产步骤，除最后一个步骤生产的是产成品外，其他步骤生产的都是完工程度不同的半成品。这些半成品，除少数可能出售外，都是下一步骤加工的对象。因此，应按步骤、按产品品种设置产品成本明细账，分成本项目归集生产费用。

二、分步法的特点

(一)成本计算对象为各种产品的生产步骤和产品品种

企业如果只生产一种产品，成本计算对象就是该种产成品及其所经过的各生产步骤，产品成本明细账应该按照产品的生产步骤开立。企业如果生产多种产品，成本计算对象是各种产成品及其所经历的各生产步骤，产品成本明细账应该按照每种产品的各个步骤开立。在分步法下，各步骤发生的费用，凡能直接记入某种成本计算对象的应直接记入；凡不能直接记入某种成本计算对象的，应采用合理的分配方法分配记入。

(二)成本计算期

使用分步法计算产成品成本的企业，通常都属于大量、大批多步骤生产，生产过程相对较长。因此，成本计算一般都是按月定期进行，与会计期一致，与产品的生产周期不一致。

(三)月末生产费用在完工产品与在产品之间进行分配

大量、大批多步骤生产的产品往往跨月份完工，月末各步骤一般都存在在产品。因此，月末还需要采用适当的分配方法将生产费用在完工产品与在产品之间进行分配。

(四)各步骤之间成本的结转

由于产品生产是分步骤进行的，上一步骤生产的半成品是下一步骤的加工对象，因此，在采用分步法计算产品成本时，在各步骤之间存在成本结转问题。

三、分步法的适用范围

分步法主要适用于大量、大批的多步骤生产，如纺织、冶金、造纸，以及大量、大批生产的机械制造。为了加强成本管理，不仅要求按照产品品种归集生产费用，计算产品成本，而且要求按照产品的生产步骤归集生产费用，计算各步骤产品成本，以提供反映各种产品及其各生产步骤成本计划执行情况的资料。

四、分步法的种类

在使用分步法计算产品成本时，各个步骤之间还存在一个成本结转问题。按照各生产步骤之间成本结转的方式不同，分步法可分为逐步结转分步法和平行结转分步法，见任务二和任务三的内容。

五、分步法计算产品成本的一般程序

第一步：设置生产成本明细账。分步法是以产品的品种及所经生产步骤为成本计算对象，来归集和分配生产费用的，因此，应按照产品的品种及所经生产步骤设置生产成本明细账。

第二步：按照产品的品种及所经生产步骤，归集和分配本月发生的生产费用。

第三步：分配辅助生产费用。

第四步：分配基本生产车间制造费用。

第五步：计算完工产品成本。

第六步：结转完工产品成本。

任务二　逐步结转分步法

一、逐步结转分步法的含义

逐步结转分步法也称顺序结转分步法，是按照产品生产的先后顺序，逐步计算和结转半成品成本，前一生产步骤的半成品成本，随着半成品实物的转移而结转到下一生产步骤的产品成本中，直到最后生产步骤累计计算出产成品成本的一种分步法。

二、逐步结转分步法的适用范围

采用分步法的大量、大批多步骤生产的企业，有的产品制造过程是由一系列循序渐进的、性质不同的加工步骤所组成的。在这类生产中，从原料投入到产品制成，中间要经过若干生产步骤的逐步加工，前面各步骤生产的都是半成品，只有最后步骤生产的才是产成品。与这类生产工艺过程的特点相联系，为了加强对各生产步骤成本的管理，往往要求不仅计算各种产成品成本，而且要求计算各步骤半成品成本。这种类型的企业，有的不仅将产成品作为商品对外销售，而且生产步骤所产半成品也经常作为商品对外销售。例如，钢铁厂的生铁、钢锭，纺织厂的棉纱等，都需要计算半成品成本。

三、逐步结转分步法的计算程序

在逐步结转分步法下，各步骤所耗用的上一步骤半成品的成本，要随着半成品实物的转移，从上一步骤的产品成本明细账转入下一步骤相同产品的产品成本明细账中，以便逐步计算各步骤的半成品成本和最后步骤的产成品成本。

第一步：先计算第一生产步骤所产半成品成本，然后转入第二生产步骤。

第二步：将第一生产步骤所产半成品成本加上第二生产步骤发生的各种生产费用，计算出第二生产步骤所产半成品成本，并将其转入第三生产步骤；以此类推，直到最后一个生产步骤计算出完工产品成本。

逐步结转分步法程序如图 8-1 所示。

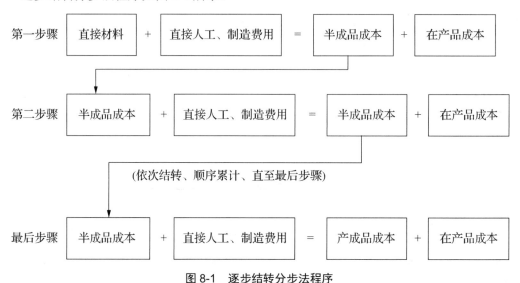

图 8-1　逐步结转分步法程序

四、逐步结转分步法的分类

逐步结转分步法按照半成品在下一生产步骤反映方式的不同，可以分为综合结转分步法和分项结转分步法。

(一)综合结转分步法

1. 综合结转分步法的概念

综合结转分步法是指上一生产步骤的半成品成本转入下一生产步骤时，是以"半成品"或"直接材料"综合项目计入下一生产步骤成本计算单的方法。

2. 计算过程

下面举例说明逐步结转分步法的综合结转分步法的计算过程。

【例 8-1】 某产品制造企业生产 A 产品，经过三个生产步骤顺序加工完成。该企业按生产步骤分设三个生产车间。第一车间生产甲半成品，第二车间将甲半成品加工为乙半成品，第三车间将乙半成品加工成丙产成品。该公司采用综合结转分步法计算产品成本，原材料在开始生产时一次投入，其他费用按生产步骤陆续发生，各步骤完工产品全部直接移交下步骤继续加工，各步骤在产品采用约当产量法计算，在产品完工率均为 50%。20×× 年 9 月，有关成本计算资料如表 8-1 和表 8-2 所示。

表 8-1　产量资料

单位：件

项　　目	第一车间	第二车间	第三车间
月初在产品	50	120	100
本月投产	530		
上步转入		500	560
本月完工	500	560	620
月末在产品	80	60	40

表 8-2　成本资料表

单位：元

项　　目	车间名称	直接材料	自制半成品	直接人工	制造费用	合　　计
月初在产品成本	第一车间	7500		1400	3000	11 900
	第二车间		25 600	1800	3400	30 800
	第三车间		20 000	2500	2500	25 000
本月发生费用	第一车间	55 000		5000	20 000	80 000
	第二车间			7000	6500	13 500
	第三车间			8500	9000	17 500

根据表 8-1 和表 8-2 的资料，设置各步骤成本明细账，如表 8-3～表 8-5 所示。

表 8-3　基本生产成本明细账

车间名称：第一车间　　　　　　　产品名称：甲半成品　　　　　　　单位：元

××年		凭证号数	摘　要	直接材料	直接人工	制造费用	合　计
月	日						
略	略	略	月初在产品成本	7500	1400	3000	11 900
略	略	略	本月发生费用	55 000	5000	20 000	80 000
略	略	略	合计	62 500	6400	23 000	91 900
略	略	略	转下车间成本	53 879.30	5925.95	21 296.30	81 101.55
略	略	略	单位成本	107.7586	11.8519	42.5926	162.2031
略	略	略	月末在产品成本	8620.70	474.05	1703.70	10 798.45

表 8-3 中部分数据计算如下。

月末在产品约当产量=80×50%=40(件)

$$直接材料分配率(单位成本) = \frac{62\,500}{500+80} = 107.7586$$

甲半成品材料费用=500×107.7586=53 879.30(元)

甲月末在产品材料费用=62 500-53 879.30=8620.70(元)

$$直接人工分配率(单位成本) = \frac{6400}{500+40} = 11.8519$$

甲半成品人工费用=500×11.8519=5925.95(元)

甲月末在产品人工费用=6400-5925.95=474.05(元)

$$制造费用分配率(单位成本) = \frac{23\,000}{500+40} = 42.5926$$

甲半成品制造费用=500×42.5926=21 296.30(元)

甲月末在产品制造费用=23 000-21 296.30=1703.70(元)

根据表8-3，编制会计分录如下。

借：生产成本-基本生产成本-第二车间(乙半成品)　81 101.55

　　贷：生产成本-基本生产成本-第一车间(甲半成品)　81 101.55

表 8-4　基本生产成本明细账

车间名称：第二车间　　　　　　　　产品名称：乙半成品　　　　　　　　单位：元

××年		凭证号数	摘　要	直接材料	直接人工	制造费用	合　计
月	日						
略	略	略	月初在产品成本	25 600	1800	3400	30 800
略	略	略	本月发生费用		7000	6500	13 500
略	略	略	上车间转入成本	81 101.55			81 101.55
略	略	略	合　计	106 701.55	8800	9900	125 401.55
略	略	略	转下车间成本	96 375.608	8352.568	9396.632	114 124.808
略	略	略	单位成本	172.0993	14.9153	16.7797	203.7943
略	略	略	月末在产品成本	10 325.942	447.432	503.368	11 276.742

表8-4中：

月末在产品约当产量=60×50%=30(件)

$$直接材料分配率(单位成本) = \frac{106\,701.55}{560+60} = 172.0993$$

乙半成品材料费用=560×172.0993=96 375.608(元)

乙月末在产品材料费用=106 701.55-96 375.608=10 325.942(元)

$$直接人工分配率(单位成本) = \frac{8800}{560+30} = 14.9153$$

乙半成品人工费用=560×14.9153=8352.568(元)

乙月末在产品人工费用=8800-8352.568=447.432(元)

制造费用分配率(单位成本) $=\dfrac{9900}{560+30}=16.7797$

乙半成品制造费用=560×16.7797=9396.632(元)

乙月末在产品制造费用=9900-9396.632=503.368(元)

根据表8-4，编制会计分录如下。

借：生产成本——基本生产成本——第三车间(丙半成品)　114 124.808

　　贷：生产成本-基本生产成本——第二车间(乙半成品)　　　114 124.808

表8-5　基本生产成本明细账

车间名称：第三车间　　　　　　　产品名称：丙半成品　　　　　　　单位：元

××年		凭证号数	摘　要	直接材料	直接人工	制造费用	合　计
月	日						
略	略	略	月初在产品成本	20 000	2500	2500	25 000
略	略	略	本月发生费用		8500	9000	17 500
略	略	略	上车间转入成本	114 124.808			114 124.808
略	略	略	合　计	134 124.808	11 000	11 500	156 624.808
略	略	略	完工产品成本	125 996.028	10 656.25	11 140.625	147 792.903
略	略	略	单位成本	203.2194	17.1875	17.96875	238.37565
略	略	略	月末在产品成本	8128.78	343.75	359.375	8831.905

表8-5中：

月末在产品约当产量=40×50%=20(件)

直接材料分配率(单位成本) $=\dfrac{134124.808}{620+40}=203.2194$

丙半成品材料费用=620×203.2194=125 996.028(元)

丙月末在产品材料费用=134 124.808-125 996.028=8128.78(元)

直接人工分配率(单位成本) $=\dfrac{11000}{620+20}=17.1875$

丙半成品人工费用=620×17.1875=10 656.25(元)

丙月末在产品人工费用=11 000-10 656.25=343.75(元)

制造费用分配率(单位成本) $=\dfrac{11500}{620+20}=17.96875$

丙半成品制造费用=620×17.968 75=11 140.625(元)

丙月末在产品制造费用=11 500-11 140.625=359.375(元)

根据表8-5，编制会计分录如下。

借：库存商品——丙产品　147 792.903

　　贷：生产成本——基本生产成本——第三车间(丙半成品)147 792.903

采用综合结转分步法结转半成品成本的情况下，产成品成本中的自制半成品项目或直接材料项目是最后一个步骤所耗上一个步骤的半成品的费用，其他的生产费用只包含最后一步的费用，这显然不符合企业产品成本结构的实际情况，所以就不能提供按原始的成本项目反映的成本资料，就不能根据上述资料从整个企业的角度来考核和分析产品成本的构成和水平。因此，若是需要从整个企业的角度来考核和分析产品成本的原始构成时，还应将综合结转的产品成本还原成为按原始成本项目反映的成本。这个过程称为还原。

所谓成本还原，就是从最后一个步骤起，把各步骤所耗上一步骤半成品的综合成本逐步分解，还原成原材料、工资及福利费和制造费用等原始成本项目，从而求得按原始成本项目反映的产成品成本资料。

成本还原一般通过成本还原计算表进行。

进行成本还原的步骤如下。

(1) 计算还原分配率。

$$还原分配率 = \frac{本月产成品所耗上一步骤半成品成本合计}{本月所产该种半成品成本合计}$$

(2) 以还原分配率分别乘以本月所产该种半成品各个成本项目的费用，即可将本月产成品所耗半成品的综合成本，按照本月所产该种半成品的成本构成进行分解、还原，求得按原始成本项目反映的还原对象成本。

还原以后的各项费用之和等于还原对象，应与产成品所耗半成品费用相抵消。

(3) 将表中的"人工费用""制造费用"与产成品所耗半成品费用还原值中的原材料、人工费用、制造费用按成本项目分别相加，即为按原始成本项目反映的还原后的产成品总成本。

以例 8-1 来说明成本还原的方法，此例中有三个生产步骤，所以应进行两次成本还原。

(1) 第一次成本还原。

$$第一次成本还原率 = \frac{产成品所耗第二步半成品成本合计}{第二步完工半成品成本合计} = \frac{125\,996.028}{114\,124.808} = 1.1040$$

第一次成本还原金额：

第二步半成品成本中的直接材料×第一次成本还原率

=完工产成品成本中包含的第一步半成品的成本

=96 375.608×1.1040=106 398.6712

第二步半成品成本中的直接人工×第一次成本还原率

=完工产成品成本中包含的第二步直接人工

=8352.568×1.1040=9221.2351

第二步半成品成本中的制造费用×第一次成本还原率

=完工产成品成本中包含的第二步制造费用

=9396.632×1.1040=10 373.8817

(2) 第二次成本还原。

$$第二次成本还原率 = \frac{产成品所耗第一步半成品成本合计}{第一步完工半成品成本合计} = \frac{106\,398.6712}{81\,101.55} = 1.3119$$

第二次成本还原金额：

第一步半成品成本中的直接材料×第二次成本还原率

=完工产成品成本中包含的第一步半成品的成本

=53 879.30×1.3119=70 684.2537

第一步半成品成本中的直接人工×第二次成本还原率

=完工产成品成本中包含的第一步直接人工

=5925.95×1.3119=7774.2538

第一步半成品成本中的制造费用×第二次成本还原率

=完工产成品成本中包含的第一步制造费用

=21 296.30×1.3119=27 938.6160

成本还原汇总如表 8-6 所示。

表 8-6　产品成本还原计算表

单位：元

行次	项目	第二步半成品	第一步半成品	直接材料	直接人工	制造费用	合计
1	还原前产成品成本	125 996.028			10 656.25	11 140.625	147 792.903
2	第二步半成品成本		96 375.608		8352.568	9396.632	114 124.808
3	第一次成本还原	125 996.028	106 398.6712		9221.2351	10 373.8817	0
4	第一步半成品成本			53 879.30	5925.95	21 296.30	81 101.55
5	第二次成本还原		106 398.6712	70 684.2537	7 774.2538	27 938.6160	0
6=1+3+5	还原后产成品成本	0	0	70 684.2537	27 651.7389	49 453.1227	147 792.903
7	单位成本			114.01	44.60	79.76	238.38

3. 综合结转分步法的优缺点

优点：可以在各生产步骤的产品成本明细账中反映各步骤完工产品所耗半成品费用的水平和本步骤加工费用的水平，有利于各个生产步骤的成本管理。

缺点：为了从整个企业的角度反映产品成本的构成，加强企业综合的成本管理，必须进行成本还原，从而要增加核算工作量。因此，这种结转方法只适宜在半成品具有独立的国民经济意义、管理上要求计算各步骤完工产品所耗半成品费用，但不要求进行成本还原的情况下采用。

(二)分项结转分步法

1. 概念

分项结转分步法，是将各步骤所耗用的上一步骤半成品成本，分别按照成本项目从上一步骤转入下一步骤相同产品的成本明细账内相应的成本项目中。采用分项结转可以直接了解各个步骤产品的成本构成情况，不需要进行成本还原，但当加工步骤较多时，成本计算的工作量较大。

2. 计算过程

【例 8-2】 以例 8-1 的数据为例，介绍这种方法的实际应用。

根据表 8-1 和表 8-2 的资料，设置各步骤成本明细账，如表 8-7~表 8-9 所示。

表 8-7　基本生产成本明细账

车间名称：第一车间　　　　　　　　产品名称：甲半成品　　　　　　　　单位：元

××年 月	××年 日	凭证号数	摘要	直接材料	直接人工	制造费用	合计
略	略	略	月初在产品成本	7500	1400	3000	11 900
略	略	略	本月发生费用	55 000	5000	20 000	80 000
略	略	略	合计	62 500	6400	23 000	91 900
略	略	略	约当产量	580	540	540	
略	略	略	单位成本	107.7586	11.8519	42.5926	162.2031
略	略	略	转下车间成本	53 879.30	5925.95	21 296.30	81 101.55
略	略	略	月末在产品成本	8620.70	474.05	1703.70	10 798.45

表 8-8　基本生产成本明细账

车间名称：第二车间　　　　　　　　产品名称：乙半成品　　　　　　　　单位：元

××年 月	××年 日	凭证号数	摘要	直接材料	直接人工	制造费用	合计
略	略	略	月初在产品成本	25 600	1800	3400	30 800
略	略	略	本月发生费用		7000	6500	13 500
略	略	略	上车间转入成本	53 879.30	5925.95	21 296.30	81 101.55
略	略	略	合计	79 479.3	14 725.95	31 196.30	125 401.55
略	略	略	约当产量	620	590	590	
略	略	略	单位成本	128.1924	24.9592	52.8751	206.0267
略	略	略	转下车间成本	71 787.744	13 977.152	29 610.056	115 374.952
略	略	略	月末在产品成本	7691.556	748.798	1586.244	10 026.598

表 8-9 基本生产成本明细账

车间名称：第三车间　　　　　　　　产品名称：丙半成品　　　　　　　　单位：元

| ××年 | | 凭证号数 | 摘　要 | 直接材料 | 直接人工 | 制造费用 | 合　计 |
月	日						
略	略	略	月初在产品成本	20 000	2500	2500	25 000
略	略	略	本月发生费用		8500	9000	17 500
略	略	略	上车间转入成本	71 787.744	13 977.152	29 610.056	115 374.952
略	略	略	合计	91 787.744	24 977.152	41 110.056	157 874.952
略	略	略	约当产量	660	640	640	
略	略	略	单位成本	139.0723	21.8393	46.2657	207.1773
略	略	略	完工产品成本	86 224.826	13 540.366	28 684.734	128 449.926
略	略	略	月末在产品成本	5562.918	11 436.786	12 425.322	29 425.026

采用逐步分项结转和逐步综合结转还原后结果是一致的，但由于本例中仍采用逐步综合结转法例中的月初在产品成本，没有将其分解为上步骤转入费用与本步骤发生费用，所以两种计算方法的各成本项目金额有差别。

3. 分项结转分步法的优缺点

优点：采用分项结转分步法结转半成品成本，可以直接、正确地提供按原始成本项目反映的企业产品成本资料，便于从整个企业的角度考核和分析产品成本计划的执行情况，不需要进行成本还原。

缺点：这一方法的成本结转工作比较复杂，而且在各步骤完工产品成本中看不出所耗上一步骤半成品费用是多少，本步骤加工费用是多少，不便于进行各步骤完工产品的成本分析。

因此，分项结转分步法一般适用于在管理上不要求计算各步骤完工产品所耗半成品费用和本步骤加工费用，而要求按原始成本项目计算产品成本的企业。

任务三　平行结转分步法

一、平行结转分步法的含义及特点

在采用分步法的大量、大批多步骤生产的企业，为了简化和加速成本计算工作，在计算产品成本时，可以不计算各步骤所产半成品成本，也不计算各步骤所耗上一步骤的半成品成本(即各步骤之间不结转所耗半成品成本)，只计算本步骤所发生的各项生产费用以及这些费用中应计入产成品成本的"份额"。然后，将各步骤应计入同一产成品成本的份额平行结转、汇总，即可计算出该种产品的产成品成本。这种平行结转各步骤成本的方法，称为平行结转分步法，或称不计算半成品成本分步法。

平行结转分步法有以下特点。

第一，采用这一方法，各生产步骤不计算半成品成本，只计算本步骤所发生的生产费用，不反映耗用上一步骤半成品成本。

第二，采用这一方法，各步骤之间也不结转半成品成本，只是在企业的产成品入库时，才将各步骤费用中应计入产成品成本的份额从各步骤产品成本明细账中转出，从"基本生产成本"科目的贷方转入"库存商品"科目的借方。

第三，平行结转分步法下的在产品为广义的产品，不仅包括本步骤正在加工的在产品，还包括本步骤已经完工，转入下一步骤继续加工的在产品。

第四，采用平行结转分步法，每一生产步骤的生产费用也要在完工产品与月末在产品之间进行分配。

二、平行结转分步法的计算程序

(1) 按产品和加工步骤设置成本明细账，各步骤成本明细账分成本项目归集本步骤发生的生产费用。

(2) 月末将各步骤归集的生产费用采用适当的方法在产成品与在产品之间进行分配，计算出完工半成品总成本和单位成本。

(3) 计算本步骤应转入最终产品的"份额"，将其平行转入最终产品成本明细账中。

(4) 将各步骤费用中应计入产成品成本的份额按成本项目平行结转，汇总计算产成品的总成本及单位成本。

采用平行结转分步法计算产品成本的关键是正确计算约当总产量、完工半成品单位成本和某步骤应转入产成品的份额。

某步骤应计入产成品成本的份额=产成品产量×单位产成品耗用该步骤半成品的数量×该成本项目费用分配率

式中"该成本项目费用分配率"可用约当产量法、定额比例法或定额成本法等方法计算求得。此处只介绍约当产量法下的计算公式。

$$某成本项目费用分配率 = \frac{该步骤月初在产品成本 + 该步骤本月发生费用}{该步骤产品约当产量}$$

$$某步骤约当产量 = 完工产品耗用本步骤半成品的数量 + 以后各步骤在产品数量 + 本步骤月末在产品约当产量$$

三、平行结转分步法举例

【例 8-3】某公司生产甲产品。分三个步骤完成，原材料在第一步骤生产开始时一次投入，各步骤月末在产品完工程度均为 50%，第二步骤一件半成品耗用第一步骤一件半成品，第三步骤一件产成品耗用第二步骤一件半成品。该企业采用平行结转分步法计算甲产品成本，月末在产品和完工产品的费用分配采用约当产量法计算。有关成本计算资料如下。

(1) 产量资料如表 8-10 所示。

表 8-10　产量资料表

单位：件

项　目	第一步骤	第二步骤	第三步骤
月初在产品数量	100	80	110
本月投产量	280	320	350
本月完工数量	320	350	380
月末在产品数量	60	50	80

(2) 费用资料如表 8-11 所示。

表 8-11　费用资料表

单位：元

项　目	生产步骤	直接材料	直接人工	制造费用	合　计
月初在产品成本	第一步骤	8500	1200	1100	10 800
	第二步骤		1000	900	1900
	第三步骤		1350	1250	2600
本月发生费用	第一步骤	13 800	4300	3100	21 200
	第二步骤		5200	2600	7800
	第三步骤		6050	3800	9850

根据以上资料，登记成本明细账，如表 8-12 到表 8-15 所示。

表 8-12　基本生产成本明细账(1)

生产步骤：第一步骤　　　　　　　　产品名称：甲产品　　　　　　　　单位：元

××年		凭证号数	摘　要	直接材料	直接人工	制造费用	合　计
月	日						
略	略	略	月初在产品成本	8500	1200	1100	10 800
略	略	略	本月发生费用	13 800	4300	3100	21 200
略	略	略	合计	22 300	5500	4200	32 000
略	略	略	约当产量	570	540	540	
略	略	略	单位成本	39.1228	10.1852	7.7778	57.0858
略	略	略	产成品耗用数量	380	380	380	380
略	略	略	应计入产成品的份额	14 867	3870	2956	21 693
略	略	略	月末在产品成本	7433	1630	1244	10 307

表 8-12 中：

直接材料费用约当产量＝80+110+320+60＝570(件)

各加工费用约当产量＝80+110+320+60×50%＝540(件)

直接材料单位成本＝22 300÷570＝39.1228(元)

应转入产成品的份额=380×1×39.1228=14 867(元)

直接人工单位成本=5500÷540=10.1852(元)

应转入产成品的份额=380×1×10.1852=3870(元)

制造费用单位成本=4200÷540=7.7778(元)

应转入产成品的份额=380×1×7.7778=2956(元)

表 8-13　基本生产成本明细账(2)

生产步骤：第二步骤　　　　　　　　　　产品名称：甲产品　　　　　　　　　　单位：元

××年		凭证号数	摘　要	直接材料	直接人工	制造费用	合　计
月	日						
略	略	略	月初在产品成本		1000	900	1900
略	略	略	本月发生费用		5200	2600	7800
略	略	略	合计		6200	3500	9700
略	略	略	约当产量		485	485	485
略	略	略	单位成本		12.7835	7.2016	20
略	略	略	产成品耗用数量		380	380	380
略	略	略	应计入产成品的份额		4858	2737	7600
略	略	略	月末在产品成本		1342	758	2100

表 8-13 中：

各加工费用约当产量=110+350+50×50%=485(件)

直接人工单位成本=6200÷485=12.7835(元)

应转入产成品的份额=380×1×12.7835=4858(元)

制造费用单位成本=3500÷486=7.2016(元)

应转入产成品的份额=380×1×7.2016=2737(元)

表 8-14　基本生产成本明细账(3)

生产步骤：第三步骤　　　　　　　　　　产品名称：甲产品　　　　　　　　　　单位：元

××年		凭证号数	摘　要	直接材料	直接人工	制造费用	合　计
月	日						
略	略	略	月初在产品成本		1350	1250	2600
略	略	略	本月发生费用		6050	3800	9850
略	略	略	合计		7400	5050	12 450
略	略	略	约当产量		420	420	420
略	略	略	单位成本		17.6190	12.0238	29.6428
略	略	略	产成品耗用数量		380	380	380
略	略	略	应计入产成品的份额		6695	4569	11 264
略	略	略	月末在产品成本		705	481	1186

表 8-14 中：

各加工费用约当产量=380+80×50%=420(件)

直接人工单位成本=7400÷420=17.6190(元)

应转入产成品的份额=380×1×17.6190=6695(元)

制造费用单位成本=5050÷420=12.0238(元)

应转入产成品的份额=380×1×12.0238=4569(元)

表 8-15　产品成本计算表

产品名称：甲产品　　　　　　　　完工数量：380 件　　　　　　　　单位：元

项　　目	直接材料	直接人工	制造费用	合　　计
第一步骤转入	14 867	3870	2956	21 693
第二步骤转入		4858	2742	7600
第三步骤转入		6695	4569	11 264
产品总成本	14 867	15 423	10 267	40 557
产品单位成本	39.12	40.59	27.02	106.73

四、平行结转分步法的优缺点和适用范围

(一)平行结转分步法的优点

第一，采用这一方法，各步骤可以同时计算产品成本，然后将应计入完工产品成本的份额平行结转汇总计入产成品成本，不必逐步结转半成品成本，从而可以简化和加速成本计算工作。

第二，采用这一方法，一般是按成本项目平行结转汇总各步骤成本中应计入产成品成本的份额，因而能够直接提供按原始成本项目反映的产品成本资料，不必进行成本还原，省去了大量烦琐的计算工作。

(二)平行结转分步法的缺点

第一，不能提供各步骤半成品成本资料及各步骤所耗上一步骤半成品费用资料。

第二，由于各步骤间不结转半成品成本，使半成品实物转移与费用结转脱节，因而不能为各步骤在产品的实物管理和资金管理提供资料。

(三)平行结转分步法的适用范围

平行结转分步法一般只适宜在半成品种类较多，逐步结转半成品成本的工作量较大，管理上又不要求提供各步骤半成品成本资料的情况下采用。

项 目 小 结

本项目主要介绍了分步法的概念、计算过程和适用范围。在使用分步法计算产品成本时，按照各生产步骤之间成本结转的方式不同，分步法可分为逐步结转分步法和平行结转分步法。逐步结转分步法按照半成品在下一生产步骤反映方式的不同，可以分为综合结转分步法和分项结转分步法。综合结转分步法是指上一生产步骤的半成品成本转入下一生产步骤时，是以"半成品"或"直接材料"综合项目计入下一生产步骤成本计算单的方法。分项结转分步法，是将各步骤所耗用的上一步骤半成品成本，分别按照成本项目从上一步骤转入下一步骤相同产品的成本明细账内相应的成本项目中。

平行结转分步法是在采用分步法的大量、大批多步骤生产的企业，为了简化和加速成本计算工作，在计算产品成本时，可以不计算各步骤所产半成品成本，也不计算各步骤所耗上一步骤的半成品成本(即各步骤之间不结转所耗半成品成本)，只计算本步骤所发生的各项生产费用以及这些费用中应计入产成品成本的"份额"。然后，将各步骤应计入同一产成品成本的份额平行结转、汇总，即可计算出该种产品的产成品成本的一种方法。

练 习 题

一、单项选择题

(1) 管理上不要求计算各步骤完工半成品所耗半成品费用和本步骤加工费用，而要求按原始成本项目计算产品成本的企业，采用分步法计算成本时，应采用( )。

    A. 综合结转分步法　　　　　　　　　B. 分项结转法

    C. 按计划成本结转法　　　　　　　　D. 平行结转法

(2) 平行结转分步法各步骤的费用( )。

    A. 包括本步骤的费用和上步骤转入的费用两部分

    B. 只包括本步骤的费用不包括上一步骤转入的费用

    C. 第一步骤包括本步骤的费用，其余各步骤均包括上一步骤转入的费用

    D. 最后步骤包括本步骤的费用，其余各步骤均包括上一步骤转入的费用

(3) 平行结转分步法下，每一生产步骤完工产品的费用，是( )。

    A. 该步骤完工半成品的成本

    B. 该步骤完工产成品的成本

    C. 该步骤生产费用中用于产成品成本的份额

    D. 该步骤生产费用中用于在产品成本的份额

(4) 下列可采用分步法计算产品成本的企业是( )。

    A. 造船厂　　　　　　　　　　　　　B. 发电厂

    C. 重型机械厂　　　　　　　　　　　D. 纺织厂

(5) 采用综合结转分步法计算产品成本时，若有三个生产步骤，则需要进行的成本还原的次数是(　　)。

　　A. 1 次　　　　　　B. 2 次　　　　　　C. 3 次　　　　　　D. 4 次

(6) 成本还原是指从(　　)一个生产步骤开始，将其耗用的上一步骤自制半成品的综合成本，按照上一步骤完工半成品的成本构成，还原成原始成本项目的成本。

　　A. 最后　　　　　　B. 最前　　　　　　C. 中间　　　　　　D. 任意

(7) 分步法适用于(　　)。

　　A. 小批生产　　　B. 大批生产　　　C. 大量生产　　　D. 多步骤大量生产

(8) 需要进行成本还原所采用的成本计算方法是(　　)。

　　A. 品种法　　　　　　　　　　　B. 平行结转分步法

　　C. 综合结转分步法　　　　　　　D. 分项结转分步法

(9) 成本还原分配率是用本月产成品所耗上步骤半成品费用除以(　　)。

　　A. 本月所产该种半成品成本合计　　B. 本月所产该种半成品各成本项目

　　C. 上月所产该种半成品成本合计　　D. 上月所产该种半成品各成本项目

(10) 某种产品生产分两个步骤，采用逐步结转分步法计算成本。本月第一步骤交库的完工半成品成本为 5000 元，第二步骤领用的半成品成本为 4000 元，本月发生的其他生产费用为 6000 元，月初、月末在产品成本分别为 1000 元和 800 元。据此计算的该产品产成本的成本为(　　)元。

　　A. 11 200　　　　　B. 10 800　　　　　C. 10 200　　　　　D. 9800

二、多项选择题

(1) 逐步分项结转分步法的特点是(　　)。

　　A. 需要进行成本还原

　　B. 不需要进行成本还原

　　C. 能提供按原始成本项目反映的半成品成本资料

　　D. 有利于加强半成品实物和资金的有效管理

(2) 平行结转分步法中的在产品包括(　　)。

　　A. 尚在本步骤加工中的在产品

　　B. 各生产步骤占完工产品的份额

　　C. 本步骤已完工转入半成品库的半成品

　　D. 最后生产步骤的完工产品

　　E. 已从半成品库转到以后各步骤进一步加工、尚未最后产成的产品

(3) 分步法的特点是(　　)。

　　A. 不按产品的批别计算产品成本

　　B. 按产品的批别计算产品成本

　　C. 按产品的生产步骤计算产品成本

　　D. 不按产品的生产步骤计算产品成本

E. 按产品的批别和步骤计算产品成本

(4) 计算成本还原分配率时所用的指标是( )。

A. 本月产成品所耗上一步骤半成品成本合计

B. 上一步骤本月所产该种半成品成本合计

C. 本月所产该种半成品成本合计

D. 上月所产该种半成品成本合计

E. 上月产成品所耗本步骤半成品成本合计

(5) 采用逐步结转分步法,按半成品成本在下一步骤成本计算单中反映方法的不同,可以分为( )。

A. 平行结转　　B. 综合结转　　C. 分项结转　　D. 汇总结转

三、判断题

(1) 逐步结转分步法下,若采用综合结转分步法结转半成品成本,不需要进行成本还原。 ( )

(2) 采用逐步结转分步法不能提供各个生产步骤的半成品成本资料。 ( )

(3) 成本还原是从第一个生产步骤开始将产成品所耗半成品的综合成本,逐步从后往前还原,直到第一步骤为止。 ( )

(4) 无论采用何种成本计算方法,月末都需将本月归集的生产费用在完工产品与在产品之间分配。 ( )

(5) 平行结转分步法适用于大量大批多步骤装配式生产的企业。 ( )

四、综合实训题

实训一

(一)实训目的:通过实训,掌握平行结转分步法的核算方法。

(二)实训资料:

某企业采用平行结转分步法计算产品成本。该企业生产甲产品顺序经过三个生产步骤(不经过半成品库),原材料在开始生产时一次投入,在产品成本按约当产量法计算。各步骤月末在产品的完工程度为50%。甲产品资料如表8-16和表8-17所示。

表8-16　产量资料

单位:件

项　目	一步骤	二步骤	三步骤
月初在产品数量	80	40	120
本月投产数量	120	140	160
本月完工数量	140	160	200
月末在产品数量	60	20	80

表 8-17　成本资料

单位：元

项　目	一步骤		二步骤	三步骤
	原材料	加工费		
月初在产品成本	6240	1000	980	120
本月生产费用	3120	650	1050	360
合计	9360	1650	2030	480

（三）实训要求：填制各步骤基本生产成本明细账(见表 8-18～表 8-20)并计算完工产品的成本(见表 8-21)。

表 8-18　基本生产成本明细账

生产步骤：第一步骤　　　　　　　　　　产品名称：甲产品　　　　　　　单位：元

××年		凭证号数	摘　要	直接材料	直接人工	制造费用	合　计
月	日						
略	略	略	月初在产品成本				
略	略	略	本月发生费用				
略	略	略	合计				
略	略	略	约当产量				
略	略	略	单位成本				
略	略	略	产成品耗用数量				
略	略	略	应计入产成品的份额				
略	略	略	月末在产品成本				

表 8-19　基本生产成本明细账

生产步骤：第二步骤　　　　　　　　　　产品名称：甲产品　　　　　　　单位：元

××年		凭证号数	摘　要	直接材料	直接人工	制造费用	合　计
月	日						
略	略	略	月初在产品成本				
略	略	略	本月发生费用				
略	略	略	合计				
略	略	略	约当产量				
略	略	略	单位成本				
略	略	略	产成品耗用数量				
略	略	略	应计入产成品的份额				
略	略	略	月末在产品成本				

高职高专会计专业规划教材

表 8-20　基本生产成本明细账

生产步骤：第三步骤　　　　　　　　　　产品名称：甲产品　　　　　　　　　　单位：元

××年		凭证号数	摘　要	直接材料	直接人工	制造费用	合　计
月	日						
略	略	略	月初在产品成本				
略	略	略	本月发生费用				
略	略	略	合　计				
略	略	略	约当产量				
略	略	略	单位成本				
略	略	略	产成品耗用数量				
略	略	略	应计入产成品的份额				
略	略	略	月末在产品成本				

表 8-21　产品成本计算表

产品名称：甲产品　　　　　　　　完工数量：　　　　　　　　单位：元

项　目	直接材料	直接人工	制造费用	合　计
第一步骤转入				
第二步骤转入				
第三步骤转入				
产品总成本				
产品单位成本				

实训二

(一) 实训目的：通过实训，掌握综合结转分步法和分项结转分步法的核算方法。

(二) 实训资料：

某企业生产甲产品，需经过两个步骤进行连续加工完成。第一车间生产完工的甲半成品交半成品库，在"原材料"账户下设"自制半成品"专户进行核算。第二车间从半成品库领用后继续加工生产出甲产品，领用的半成品按实际成本计价(采用加权平均法)。该企业采用逐步结转分步法计算产品成本。月末在产品采用约当产量比例法计算，两个车间的月末在产品均为 50%，原材料在生产开始时一次投入。201×年 10 月，该企业产量资料和费用资料如表 8-22 和表 8-23 所示。

表 8-22　各车间产量资料表

项　目	第一车间	第二车间
	甲半成品/千克	甲产品/千克
月初在产品数量	150	200
本月投入产品数量	850	900
本月完工产品数量	800	1000
月末在产品数量	200	100

表 8-23　各车间月初及本月费用表

单位：元

成本项目	月初在产品成本		本月发生费用	
	第一车间	第二车间	第一车间	第二车间
直接材料(自制半成品)	42000	26160	88000	
直接人工	11000	7100	16000	32800
制造费用	14000	14450	29200	45400
合计	67000	47710	133200	78200

"原材料——自制半成品"账户期初结存甲半成品 200 千克，单位成本 196 元。其中直接材料 130 元/千克，直接人工 35 元/千克，制造费用 31 元/千克。

(三) 实训要求：分别采用综合逐步结转分步法(需要进行成本还原)和分项逐步结转分步法计算完工产品成本。

1. 综合逐步结转分步法

(1)根据资料编制甲半成品的基本生产成本明细账如表 8-24 所示。

表 8-24　第一车间基本生产成本明细账

产品名称：甲半成品　　　　　　　201×年 10 月　　　　　　　本月完工：

摘　要	直接材料	直接人工	制造费用	合　计
月初在产品成本/元				
本月生产费用/元				
生产费用合计/元				
月末在产品数量/千克				
在产品约当产量/千克				
完工产品产量/千克				
约当总产量/千克				
分配率(单位成本)/(元/千克)				
完工产品总成本/元				
月末在产品成本/元				

(2) 根据第一车间半成品交库单和第二车间领用半成品的领料单，登记"原材料——

自制半成品"明细账，如表 8-25 所示。

表 8-25　原材料明细账

名称：甲半成品

201×年		凭证号数	摘　要	收　入			发　出			结　存		
月	日			数量/千克	单位成本/(元/千克)	总成本/元	数量/千克	单位成本/(元/千克)	总成本/元	数量/千克	单位成本/(元/千克)	总成本/元
10	1		期初余额									
	31	略	本期入库									
			本期发出									
			期末结存									

(3) 根据第二车间领用的自制半成品，发生的直接人工、制造费用，以及完工产品和月末在产品资料，分配费用并登记第二车间的产品生产成本明细账，如表 8-26 所示。

表 8-26　第二车间基本生产成本明细账

产品名称：甲产成品　　　　　　　201×年 10 月　　　　　　　　　本月完工：

摘　要	半成品成本	直接人工	制造费用	合　计
月初在产品成本/元				
本月生产费用/元				
生产费用合计/元				
月末在产品数量/千克				
在产品约当产量/千克				
本月完工产品数量/千克				
约当总产量/千克				
分配率(单位成本)/(元/千克)				
完工产品总成本/元				
月末在产品成本/元				

(4) 根据以上计算结果，对甲产品进行成本还原，如表 8-27 所示。

表 8-27　产品成本还原计算表

产品名称：甲产品

项　　目	产量/千克	还原分配率	半成品/元	直接材料/元	直接人工/元	制造费用/元	合计/元
还原前产成品成本							

续表

项 目	产量/千克	还原分配率	半成品/元	直接材料/元	直接人工/元	制造费用/元	合计/元
第一车间半成品成本							
成本还原							
还原后产成品总成本							
还原后产成品单位成本							

2. 分项逐步结转分步法

(1) 编制第一车间基本生产成本明细账，如表 8-28 所示。

表 8-28 第一车间基本生产成本明细账

产品名称：甲半成品   201×年 10 月   本月完工：

摘 要	直接材料	直接人工	制造费用	合 计
月初在产品成本/元				
本月生产费用/元				
生产费用合计/元				
月末在产品数量/千克				
在产品约当产量/千克				
完工产品产量/千克				
约当总产量/千克				
分配率(单位成本)/(元/千克)				
完工产品总成本/元				
月末在产品成本/元				

(2) 根据第一车间甲半成品的基本生产成本明细账，以及半成品的交库单和领用单，登记"原材料——自制半成品明细账"，如表 8-29 所示。

表 8-29 原材料明细账

产品名称：甲半成品

摘 要	数量/千克	实际成本/元			
		直接材料	直接人工	制造费用	合 计
月初结存					
本月增加					
累 计					

摘　要	数量/千克	实际成本/元			
		直接材料	直接人工	制造费用	合　计
单位成本					
本月减少					
月末余额					

(3) 编制第二车间基本生产成本明细账，如表 8-30 所示。

表 8-30　第二车间基本生产成本明细账

产品名称：甲产成品　　　　　　　　　201×年 10 月　　　　　　　　　单位：元

摘　要	直接材料	直接人工	制造费用	合　计
月初在产品成本				
本月本步骤加工费用				
本月耗用上步骤半成品费用				
生产费用合计				
约当产量合计/千克				
分配率(单位成本)/(元/千克)				
完工产品总成本				
月末在产品成本				

项目九
工业企业产品成本计算的辅助方法

- 了解产品成本计算辅助方法和产品成本计算基本方法的区别和联系。
- 熟悉各种辅助方法的适用范围。
- 掌握分类法和定额法的分配方法。
- 掌握联产品和副产品的成本计算方法。

能够灵活运用分类法和定额法计算产品成本。

任务一　产品成本计算的分类法

一、分类法概述

(一)概念

在一些工业企业中，生产的产品品种、规格繁多，如果按照产品的品种归集生产费用、计算产品成本，成本计算工作就会不胜其烦。在这种情况下，可以先按照一定的分类标准对产品进行分类，以产品类别作为成本计算对象，设置生产成本明细账，归集生产费用和计算各类产品成本，在此基础上选择合适的标准在各大类产品内部分配计算并确定各品种、规格产品的成本，这种方法就是产品成本计算的分类法。

> 提示：分类法并不是一种独立的基本成本计算方法，它要根据各类产品的生产工艺特点和管理要求，与品种法、分批法、分步法结合使用。分类法是一种辅助方法。

(二)特点

(1) 根据产品的结构、所用原材料和工艺过程的不同，将产品划分为若干类，按照产品的类别设立产品成本明细账，归集产品的生产费用，计算各类产品成本。

(2) 选择合理的分配标准，在每类产品的各种产品之间分配费用，计算每类产品内各种产品的成本。

(三)分类法的适用范围

凡是产品的品种繁多，而且可以按照前述要求划分为若干类别的企业或车间，均可采用分类法计算成本。分类法与产品生产的类型没有直接联系，因而可以在各种类型的生产中应用。

需要指出的是：

(1) 联产品所用的原料和工艺过程相同，所以最适合采用分类法计算成本。如石油化工生产企业，在对原油提炼时，可同时炼出各种汽油、煤油和柴油等产品。

(2) 品种相同，但质量不同的产品分两种情况。

如果产品的结构、所用的原材料和工艺过程完全相同，产品质量上的差别是由于工人操作而造成的，不能采用分类法计算成本。

如果不同质量的产品，是由于内部结构、所用原材料的质量或工艺技术上的要求不同而产生的，可以采用分类法计算成本。

(3) 在主要产品生产过程中，附带产生一些非主要产品——副产品的企业。如在钢铁冶炼中附带生产出炉渣的炼钢厂、在制皂过程中产出含有甘油盐水的肥皂厂等。

二、分类法的核算程序

(1) 根据产品的性质、结构、所用原材料、工艺流程等特点，将产品划分为不同的类别，按类别开设成本计算单，按类别归集生产费用。在计算各类产品成本时，要运用品种法或分批法、分步法等成本计算的基本方法。

(2) 将每类产品的费用总额在该类完工产品和在产品之间进行分配，计算出各类产品的完工产品成本和在产品成本。

(3) 选择合理标准分配成本，计算出类内各种产品的实际总成本和单位成本。

类内各种不同规格型号产品之间成本的分配，有定额消耗量、等额费用、产品的体积和长度等分配标准。分配标准的选择，要合理、科学。为了简化分配工作，在实际工作中，常常将分配标准折合成系数，系数一经确定，可以在较长时间内使用。按系数分配生产费用的方法，称为系数分配法，又称为标准产量法。

采用系数分配法时，首先要在类内产品中选择一种产量大、生产稳定、规格适中的产品作为标准产品，把标准产品的单位系数定为"1"，然后将类内其他各种产品与标准产品比较，分别求出其他产品与标准产品的比例，即系数。每一种产品的系数确定以后，再将类内各种产品的实际产量，分别乘以该种产品的系数，折算为总系数。总系数又称为标准产量，它是系数分配法的分配标准。有了分配标准，并计算出费用分配率以后，即可计算出类内各种产品的实际总成本和单位成本。采用系数分配法，计算公式如下：

$$某产品系数 = \frac{该产品售价(或定额消耗量、体积等)}{标准产品售价(或定额消耗量、体积等)}$$

$$某产品总系数(标准产量) = 该产品实际产量 \times 该产品系数$$

$$费用分配率 = \frac{应分配成本总额}{各种产品总系数之和}$$

$$某产品应分配费用 = 该产品总系数 \times 费用分配率$$

三、分类法举例

【例 9-1】某厂由于产品品种繁多，按照工艺过程的不同，分为三类计算成本，按成本类别设置三份产品成本明细账，成本项目分为直接材料、直接人工和制造费用。其中甲类产品包括 A、B、C 三种产品。甲类产品生产费用的归集同品种法，不再重复。20××年 9 月份该厂甲类产品的成本资料如表 9-1 所示。

表9-1　生产成本明细账

类别：甲类　　　　　　20××年9月　　　　　　单位：元

20××年		摘　要	成本项目			合　计
月	日		直接材料	直接人工	制造费用	
9	1	月初在产品成本	1200	680	600	2480
		本月发生费用	4000	1200	1400	6600
9	30	合　计	5200	1880	2000	9080

假定 A、B、C 三种产品，以 B 种产品作为标准产品，计算如表 9-2 所示，利用表 9-2 的分配系数，将三种产品 9 月份各产品产量、废品及在产品分别折合计算成标准产量，如表 9-3 所示。根据表 9-1、表 9-3，计算各产品成本，如表 9-4 所示。

表 9-2　分配系数计算表

类别：甲类　　　　　　　　　　　20××年9月　　　　　　　　　　　单位：元

产品名称	定额成本	系　　数
A 产品	0.12	0.8
B 产品	0.15	1.0
C 产品	0.21	1.4

表 9-3　标准产品产量换算表

类别：甲类　　　　　　　　　　　20××年9月　　　　　　　　　　　单位：元

产品名称	系数	产成品		废　品			在产品			标准产量合计
		实际产量	标准产量	实际产量	完工程度	标准产量	实际产量	完工程度	标准产量	
	1	2	3=1×2	4	5	6=1×4×5	7	8	9=1×7×8	10=3+6+9
A 产品	0.8	1000	800	100	0.5	40	2000	0.8	1280	2120
B 产品	1.0	3000	3000	200	0.5	100	5000	0.8	4000	7100
C 产品	1.4	2000	2800	150	0.5	105	4000	0.8	4480	7385
合计		6600		245			9760			16 605

表 9-4　生产成本明细表

类别：甲类　　　　　　　　　　　20××年9月　　　　　　　　　　　单位：元

摘　要	成品产量	标准产量					成本项目			
		合格品	废品	小计	在产品	合计	直接材料	直接人工	制造费用	合计
月初在产品成本							1200	680	600	2480
本月发生费用							4000	1200	1400	6600
合计							5200	1880	2000	9080
分配率							0.31	0.11	0.12	0.54

摘　要	成品产量	标准产量					成本项目			
		合格品	废品	小计	在产品	合计	直接材料	直接人工	制造费用	合计
月末在产品成本					9760	9760	3025.6	1073.6	1171.2	5270.4
产成品成本		6600	245	6845		6845	2174.4	806.4	828.8	3809.6
合计(产量)		6600	245	6845	9760	16 605				
A 产品	1000	800	40	840	1280	2120	260.4	92.4	100.8	453.6
B 产品	3000	3000	100	3100	4000	7100	961	341	372	1674
C 产品	2000	2800	105	2905	4480	7385	953	373	356	1682
备注	直接材料分配率=5200÷16 605=0.31 直接材料：月末在产品成本=0.31×9760=3025.6(元) 产成品成本=5200−3025.6=2174.4(元) A 产品：直接材料成本=0.31×840=260.4(元) 单位成本=260.4÷1000=0.26(元) 其余成本项目的计算类推。									

四、分类法的优缺点

采用分类法计算产品成本，不仅简化了成本计算的工作量，而且能够在产品品种、规格繁多的情况下分类掌握产品成本的情况，提供了成本考核的依据。

但是，在计算过程中，由于对类内各种产品成本的计算，是按照一定的分配标准分配生产费用的，计算结果有一定的假定性。因此，在分类法下，产品的分类和分配标准的选定是否适当是一个关键性的问题。

五、联产品的成本计算

(一)概念

联产品是指用同一种原料，经过同一个生产过程，生产出两种或两种以上的不同性质和用途的产品，这些产品都是企业的主要产品。例如，炼油厂从原油中可同时提炼出汽油、煤油、柴油等产品，这些产品都是炼油厂的主要产品，可称之为联产品。

联产品所用的原料和工艺过程相同，因而最易于、也只能归为一类，采用分类法计算成本。企业的原材料，经过同一生产过程以后，从中分离出各种联产品。而联产品分离这个点称为分离点。分离点前发生的成本称为联合成本或共同成本，分离以后有的可直接销售，有的需要进一步加工后再销售。而进一步加工的成本称为可归属成本。因此，联产品的成本应该包括其所应负担的联合成本和分离后的继续加工成本。

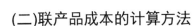

(二)联产品成本的计算方法

联产品分离前的联合成本的计算，可采用分类法进行。计算出联合成本之后，需要将其在各种产品之间进行分配，分配方法主要有实物计量分配法、系数分配法(即标准产量分配法)、销售价值分配法。

1. 实物计量分配法

实物计量分配法是将联合成本按各联产品实物量(如重量、长度或容积)进行分配的一种方法，其计算公式如下：

联产品分配率=联合成本÷各种联产品实物量之和

某种产品应分配的联合成本=该联产品实物产量×联合成本分配率

【例 9-2】某企业生产 A、B、C 三种联产品，本期发生的联合成本为 348 000 元。根据各种产品重量可进行联合成本分配，计算结果如表 9-5 所示。

表 9-5　联产品成本计算表

产品名称	实物量/千克	分配率	应分配成本/元
A 产品	420		107 940
B 产品	380		97 660
C 产品	200		51 400
合计	1000	257	257 000

2. 系数分配法

系数分配法也称标准产量分配法，它是根据各种联产品的实际产量，按系数将其折算为标准产量来分配联产品的一种方法。具体程序是：先确定各种联产品的系数，然后用每种产品的产量乘以各自的系数，计算出标准产量；再将联合成本除以各种联产品标准产量之和，求得联合成本分配率；最后，用联合成本分配率乘以每种产品的标准产量，就可以计算出各种产品应负担的联合成本。

【例 9-3】　某企业用同一种原材料，在同一工艺过程中生产出甲、乙、丙、丁四种主要产品。进行联合成本分配时，以产品售价为标准确定系数，以甲产品为标准产品，其系数为 1；甲产品分离后还要继续加工。相关资料如表 9-6 和表 9-7 所示。

联产品产量、售价和系数如表 9-6 所示。

表 9-6　联产品产量、售价和系数计算表

产品名称	产量/千克	单位售价/元	系　数
甲产品	1800	10	1
乙产品	600	12	1.20
丙产品	900	8	0.8
丁产品	300	14	1.40

成本计算资料如表 9-7 所示。

表 9-7　联产品成本资料

项　目	直接材料	直接人工	制造费用	合　计
分离前的联合成本/元	23 400	5620	1724	30 744
各成本项目占总成本的比重/%	76.10	18.30	5.60	100
分离后甲产品的加工成本/元	810	195	105	1110

编制联产品成本计算表，如表 9-8 所示。

表 9-8　联产品成本计算表

产品名称	产量/千克	系　数	总系数/标准产量	联合成本/元	分配率	应分配的联合成本/元
	1	2	3=1×2	4	5=4÷3	6=3×5
甲产品	1800	1	1800			15 120
乙产品	600	1.20	720			6048
丙产品	900	0.80	720			6048
丁产品	300	1.40	420			3528
合计			3660	30 744	8.40	30 744

编制甲产品成本汇总计算表，如表 9-9 所示。

为了编制产品成本汇总计算表，需要将表 9-8 所示联产品成本计算表中计算的各种产品分配的联合成本，依据表 9-7 中各成本项目的比重进行分离。

表 9-9　甲产品成本汇总计算表

项　目	分配的联合成本		分离后的加工成本	总成本/元	单位成本/元
	比重/%	金额/元			
	1	2=1×总金额	3	4=2+3	5=4÷产量
直接材料	76.10	11 506.32	810	12 316.32	6.84
直接人工	18.30	2766.96	195	2961.96	1.65
制造费用	5.60	846.72	105	951.72	0.53
合计	100	15 120	1110	16 230	9.02

3. 销售价值分配法

销售价值分配法是指按照各种联产品的销售价值作为分配标准来分配联合成本的一种联产品成本分配方法。其计算公式如下：

联合成本分配率=联合成本÷各种联产品销售价值之和

某种联产品应分配的联合成本=该种联产品销售价值×联合成本分配率

销售价值分配法中的销售价值是指产品的销售收入，但这里的销售收入是用产品产量与售价相乘得到的。

【例 9-4】 以表 9-6 和表 9-7 的资料为例，采用销售价值分配法进行联产品成本的分配，计算结果如表 9-10 所示。

表 9-10 联产品成本计算表

产品名称	产量 /千克	单价 /元	销售价值 /元	比例 /%	分配联合 成本/元	单位成本 /元	毛利 /元	毛利率 /%
甲产品	1800	10	18 000	49.18	15 119.90	8.40	2880.10	16
乙产品	600	12	7200	19.67	6047.34	10.08	1152.66	16
丙产品	900	8	7200	19.67	6047.34	6.72	1152.66	16
丁产品	300	14	4200	11.48	3529.42	11.76	670.58	16
合计	3600		36 600	100	30 744		5856	16

六、副产品的成本计算

(一)副产品的概念

副产品是指在主要产品的生产过程中，附带生产出的非主要产品。例如，炼油厂在提炼原油过程中还会产生一些渣油、石油焦等。副产品虽不是企业的主要产品，但也有经济价值并可对外销售，因而也应加强管理和核算。

> 提示：一般来说，副产品的价值相对较低，在企业全部产品中所占比重较小，所以可将副产品按照简化的方法计价，从主副产品的总成本中扣除，从而确定主要产品的成本。

(二)副产品成本的计算方法

由于副产品也是使用同样的原材料，经过相同的生产过程生产出来的，所以副产品成本的计算实质上是指副产品应负担联合成本数额的计算。一般来说，对于价值较低的副产品可不负担联合成本；对价值较高的副产品，则按保本的原则确定其应负担的联合成本数额。

1. 价值较低的副产品

对于价值较低的副产品，其应负担的联合成本对主产品成本计算影响不大，因此价值较低的副产品，可不计算副产品应负担的联合成本，所有的联合成本全部由主产品负担。但对于需要进一步加工才能销售的副产品，必须负担进一步加工所发生的成本，这部分成本就是该副产品的成本。

2. 价值较高的副产品

对价值较高的副产品，按照销售利润为零的原则确定其成本，由于销售利润=销售收入-成本-销售税金=0，所以，副产品成本=销售收入-销售税金。

(1) 无须进一步加工的副产品。该副产品的成本为其应负担的联合成本，即为副产品销售收入减去销售税金后的差额。计算出的副产品成本可以在联合成本的直接材料成本项目中扣除，也可以按联合成本中各成本项目从联合成本中扣除。

【例 9-5】 某公司在生产甲、乙联产品时，附带生产出丙副产品，20××年 9 月份，丙副产品产量 1600 件，单位售价 6 元，单位税金 1 元，其他数据和副产品成本的计算如表 9-11 到表 9-12 所示，丙副产品成本为 8000 元(1600×(6−1))。

表 9-11　副产品成本计算表

20××年 9 月　　　　　　　　　　　　　　　　单位：元

项　　目	直接材料	直接人工	制造费用	合　　计
总成本	160 000	18 000	22 000	200 000
丙副产品应负担的成本	8000			8000
甲、乙主产品应负担的成本	152 000	18 000	22 000	192 000

表 9-12　副产品成本计算表

20××年 9 月　　　　　　　　　　　　　　　　单位：元

项　　目	直接材料	直接人工	制造费用	合　　计
总成本	160 000	18 000	22 000	200 000
丙副产品应负担的成本	6400	720	880	8000
甲、乙主产品应负担的成本	153 600	17 280	21 120	192 000

(2) 需要进一步加工的副产品。在确定副产品成本时，既应负担联合成本，又要负担可归属成本。所以副产品成本应负担的联合成本应等于副产品成本减去可归属成本后的差额。

仍以前例为例，如丙副产品需进一步加工，单位再加工成本为 0.5 元，则副产品成本计算如表 9-13 和表 9-14 所示。丙副产品成本为 7200 元(1600×(6−1−0.5))。

表 9-13　副产品成本计算表

20××年 9 月　　　　　　　　　　　　　　　　单位：元

项　　目	直接材料	直接人工	制造费用	合　　计
总成本	160 000	18 000	22 000	200 000
丙副产品应负担的成本	7200			7200
甲、乙主产品应负担的成本	152 800	18 000	22 000	192 800

表 9-14　副产品成本计算表

20××年 9 月　　　　　　　　　　　　　　　　单位：元

项　　目	直接材料	直接人工	制造费用	合　　计
总成本	160 000	18 000	22 000	200 000
丙副产品应负担的成本	5760	648	792	7200
甲、乙主产品应负担的成本	154 240	17 352	21 208	192 800

采用这种计算方法简单、易行，但因为将副产品的销售毛利定为零，即副产品没有利润，则在一定程度上夸大了副产品成本，缩小了主产品成本，对主产品成本计算的正确性亦有一定的影响。

任务二　产品成本计算的定额法

一、定额法概述

定额法是以产品的定额成本为基础，加、减脱离定额差异和定额变动差异，进而计算产品实际成本的一种方法。产品成本的定额法反映和监督生产费用和产品成本脱离定额的差异，把产品成本的计划、控制、核算和分析结合在一起，以便在生产中及时了解生产费用和产品成本脱离定额的差异情况以及发生的原因，以加强成本管理而采用的一种成本计算方法。因此，定额法的意义在于将成本核算与成本控制相结合，能及时了解生产成本情况，进行适时管理。

采用定额法计算产品成本，实际成本的计算公式如下：

实际成本=定额成本±脱离定额差异+材料成本差异+定额变动差异

(一)定额成本

定额成本是指根据企业现行材料消耗定额、工时定额、费用定额以及其他有关资料计算的一种成本控制目标。定额成本是企业产品生产成本的现行定额，它反映了当期应达到的成本水平。合理的现行成本定额是衡量企业成本节约或超支的尺度。把一定时期的定额成本与实际成本进行比较，便可以揭示实际脱离定额的差异，指出生产和成本管理中的成绩和存在的问题。以定额法计算产品成本时，定额成本是计算产品实际成本的基础，也是企业对生产费用进行事中控制和事后分析的依据。

(二)脱离定额差异

脱离定额的差异，是指生产过程中，各项生产费用的实际支出脱离现行定额或预算的数额。它反映了各项生产费用支出的合理程度和现行定额的执行情况。企业应及时地对定额差异进行核算，以便控制生产费用的发生，降低产品成本。

(三)材料成本差异

采用定额成本法，为了便于产品成本的分析和考核，原材料的日常核算必须按计划成本计价进行，所以，原材料的定额费用和脱离定额差异都按原材料的计划成本计算。原材料的定额费用是原材料定额消耗量与其计划单位成本的乘积，原材料脱离定额差异是原材料消耗数量差异与其计划单位成本的乘积，即按原材料计划单位成本反映的是原材料的数量差异(量差)。两者之和就是原材料的实际消耗量与其计划单位成本的乘积，即原材料的计划价格费用。有月末计算产品的实际原材料费用时，还必须计算由于材料计划单位成本和实际单位成本不同而应负担的原材料成本差异，即所耗原材料的价格差异(价差)。其计算公式如下：

某产品应负担的原材料成本差异=(该产品原材料定额费用+原材料脱离定额差异)×原材料成本差异率

(四)定额变动差异

定额变动差异，是指由于修订消耗定额或生产耗费的计划价格而产生的新旧定额之间的差额。在消耗定额或计划价格修订以后，定额也应随时修订。定额成本的修订一般在月初、季初或年初进行，但在定额变动的月份，月初在产品的定额成本还是修订之前的，它仍然是按照旧的定额计算的。为了使本月计算的定额成本基础相同，都统一按新的定额进行计算，必须把月初在产品的旧定额调整为新定额，即必须计算月初在产品新旧定额之间的变动差异。

二、定额法的特点

第一，事前制定产品的消耗定额、费用定额和定额成本作为降低成本的目标。

第二，在生产费用发生的当时将符合定额的费用和发生的差异分别核算，加强对成本差异的日常核算、分析和控制。

第三，月末在定额成本的基础上加减各种成本差异，计算产品的实际成本，为成本的定期分析和考核提供数据。

因此，定额成本法不仅是一种产品成本计算的方法，更重要的还是一种对产品成本进行直接控制、管理的方法。

三、定额法的适用范围

定额成本法需要事先制定定额成本，才能进行成本的核算和差异的核算。因此，定额成本法主要适用于定额管理制度比较健全，定额管理基础工作比较好，产品生产已经定型，各项消耗定额比较准确、稳定的企业。

四、定额法的成本计算程序

(一)制定定额成本

根据消耗定额和费用定额，按照企业确定的成本项目和产品品种分别制定产品定额成本，编制产品定额成本表。

(二)核算脱离定额差异

在生产费用发生时，应将实际生产费用划分为符合定额的费用和脱离定额的差异，将符合定额的费用和脱离定额的差异分别核算，并予以汇总。

(三)在本月完工产品与月末在产品之间分配成本差异

月末，企业应将月初结转和本月发生的脱离定额差异、材料成本差异和定额变换差异分别汇总，按照企业确定的成本计算方法，在完工产品和月末在产品之间进行分配。为了简化成本核算工作，材料成本差异和定额变换差异可以全部由本月完工产品成本负担，月末在产品只分摊脱离定额差异。

(四)计算本月完工产品的实际总成本和单位成本

以本月完工产品的定额成本为基础，加上或减去各项成本差异，计算出本月完工产品的实际总成本和单位成本。

五、定额法的计算公式

(一)定额成本的计算

定额成本是目标成本的一种，定额成本的制定是定额法计算产品实际成本的基础。它是根据现行定额和计划单位成本制定的。产品的定额成本一般由企业的财会部门会同企业计划、技术、生产等部门共同制定。在制定时，要区分成本项目进行。其计算公式为

直接材料定额成本=产品直接材料消耗定额×材料计划单价

直接人工定额成本=产品工时定额×计划小时工资率

制造费用定额成本=产品工时定额×计划小时费用率

其中，计划小时工资率、计划小时费用率可用下列公式计算：

$$计划小时工资率=\frac{预计某车间全年生产工人工资总额}{预计该车间全年定额工时总数}$$

$$计划小时费用率=\frac{预计某车间全年制造费用总额}{预计该车间全年定额工时总数}$$

(二)脱离定额差异的计算

脱离定额差异，是指产品生产过程中，各项生产费用的实际支出脱离现行定额或预算的数额。它反映各项生产费用支出的合理程度和执行现行定额的工作质量。通过对脱离定额差异的核算和分析，可以对生产费用支出进行事中控制，及时反映和考核生产费用的节约和浪费，有利于加强成本管理和寻找降低成本的途径。因此，揭示脱离定额差异是运用定额法进行成本核算的核心，必须及时正确地组织脱离定额差异的核算。

1. 原材料脱离定额差异的计算

原材料脱离定额差异的计算方法一般有以下三种。

(1) 限额法。这种方法亦叫差异凭证法。为了控制材料领用，在采用定额法时，必须实行限额领料(或定额发料)制度，符合定额的原材料应根据限额领料单等定额凭证领发。由于增加产量需要增加用料时，在追加限额手续后，也可以根据定额凭证领发。由于其他原因发生的超额用料或代用材料的用料，则应填制专设的超额领料单、代用材料领料单等

差异凭证，经过一定的审批手续后领发。在差异凭证中，应填写差异的数量、金额以及发生差异的原因。在每批生产任务完成以后，应根据车间余料编制退料手续(退料单)。退料单中的原材料数额和限额领料单中的原材料余额，都是原材料脱离定额的节约差异。

(2) 切割核算法。切割核算法即通过材料切割核算单，核算用料差异，控制用料的方法。它适用于某些贵重材料或经常大量使用的，且又需要经过在准备车间或下料工段切割后才能进一步加工的材料。材料切割单应按切割材料的批别开立，在单中填列所需切割材料的种类、数量、消耗定额以及应切割成的毛坯数量；切割完成后，再填写实际切割成的毛坯数量和材料的实际消耗量等。根据切割的毛坯数量和消耗定额，就可算出材料的消耗定额，与实际耗用量比较，就可以计算出原材料脱离定额的差异。

(3) 盘存法。对于不能采用切割核算法的原材料，为了更好地控制用料，除了采用限额法外，还应按期(按工作班、工作日或按周、旬等)通过盘存的方法核算用料差异。即：根据完工产品数量和在产品盘存(实地盘存或账面结存)数量算出投产产品数量，乘以原材料消耗定额，计算原材料定额消耗量；根据限额领料单、超额领料单、退料单等材料凭证和车间余料的盘存数量，计算原材料实际消耗量；将原材料实际消耗量与定额消耗量相比较，计算原材料脱离定额差异。其中投产产品数量的计算公式如下：

本期投产产品数量=本期完工产品数量+期末在产品数量-期初在产品数量

本期某产品原材料定额消耗量=本月某产品投产量×材料消耗定额

然后，根据限额领料单、退料凭证以及车间余料盘存资料等凭证，计算出材料的实际消耗量。最后计算材料脱离定额差异。

材料脱离定额差异=(材料实际消耗量-材料定额消耗量)×计划单价

2. 人工费用脱离定额差异的计算

人工费用脱离定额差异的计算，因工资制度的不同而有所区别。在计价工资形式下，生产工人工资属于直接计入费用，其脱离定额差异的计算与原材料脱离定额差异的计算类似。符合定额的生产工人工资，应该反映在产量记录中，脱离定额的差异通常反映在专设的补付单等差异凭证中；在计时工资形式下，生产工人工资属于间接计入费用，其脱离定额的差异不能在平时按照产品直接计算，只有在月末实际生产工人工资总额确定以后，才能按照下列公式计算。

$$计划每小时生产工资 = \frac{某车间计划产量的定额生产工人工资}{该车间计划产量的定额生产工时}$$

$$实际每小时生产工资 = \frac{该车间实际生产工人工资总额}{该车间实际生产工时总额}$$

某产品的定额生产工资=该产品实际完成的定额生产工时×计划每小时生产工资

该产品的实际生产工资=该产品实际生产工时×实际每小时生产工资

该产品生产工资脱离定额的差异=该产品实际生产工资-该产品定额生产工资

不论采用哪种工资形式，都应根据上述核算资料，按照成本计算对象汇编定额生产工资和脱离定额差异汇总表。

3. 制造费用脱离定额差异的计算

制造费用差异的日常核算，通常是指脱离制造费用计划的差异核算。各种产品所应负担的定额制造费用和脱离定额的差异，只有在月末时才能比照上述计时工资的计算公式确定。

(三)材料成本差异的计算

采用定额法计算产品成本的企业，为便于对产品成本的考核与分析，原材料消耗的日常核算通常按计划成本计价来进行。前述原材料的定额成本和脱离定额差异都是按计划成本计价进行计算的，原材料脱离定额差异是数量差异(量差)。因此，月末计算消耗原材料实际成本时，还应分配材料成本差异(价差)。其计算公式如下：

　　　　某产品应的分配材料成本差异

　　　　=(该产品原材料定额成本±原材料脱离定额差异)×材料成本差异率

(四)定额变动差异的计算

定额变动差异，是指由于修订消耗定额或生产耗费的计划价格而产生的新旧定额之间的差额。在消耗定额或计划价格修订以后，定额也应随时修订。定额成本的修订一般在月初、季初或年初进行，但在定额变动的月份，月初在产品的定额成本还是修订之前的，它仍然是按照旧的定额计算的。为了使本月计算的定额成本基础相同，都统一按新的定额进行计算，必须把月初在产品的旧定额调整为新定额，即必须计算月初在产品新旧定额之间的变动差异。

月初在产品定额变动的差异，可以根据定额发生变动的在产品盘存数量或在产品账面结存数量和修订前扣的消耗定额，计算月初在产品消耗定额修订前和修订后的定额消耗量，从而确定定额消耗量和定额费用差异。这种计算要按照零、部件和工序进行，工作量较大。为了简化计算工作，也可以按照单位产品采用下述系数折算的方法计算：

$$定额变动系数 = \frac{按新产品计算的单位产品费用}{按旧定额计算的单位产品费用}$$

月初在产品定额变动差异=按旧定额计算的月初在产品费用×(1−定额变动系数)

若定额变动系数小于1，则月初在产品定额变动差异为正数，表明新定额比旧定额低；若定额变动系数大于1，则月初在产品定额变动差异为负数，表明新定额比旧定额高。

在修订定额成本的月份，产品的实际成本应改按下列公式计算：

　　　　产品实际成本=按现行定额计算的产品定额成本+脱离现行定额的差异

　　　　　　　　　　+原材料或半成品的成本差异+月初在产品定额变动差异

六、定额法举例

【例 9-6】某生产企业生产甲产品，20××年 5 月末结存在产品 100 件，月末在产品成本如表 9-15、表 9-16 所示。

表 9-15　月末在产品资料

项　目	定额成本	脱离定额差异	材料成本差异
直接材料	5000	−200	50
直接人工	2000	−100	
制造费用	1500	−800	

表 9-16 月末在产品资料

项 目	5月1日消耗定额			6月1日消耗定额	
	消耗定额	计划单位成本/元	定额成本/元	消耗定额	定额成本/元
A 材料	6 千克	5	30	5.5 千克	27.5
B 材料	2 千克	6	12	2 千克	12
小计			42		39.5
直接人工	10 工时	2	20		18
制造费用	8 工时	1.5	12		9
合计			74		66.5

该企业 6 月份甲产品投产 520 件，完工 500 件，月末在产品结存 120 件，材料在生产开始时一次性投入。6 月份甲产品生产实际耗用 A 材料 3000 千克，B 材料 1200 千克；消耗 4000 定额工时，实际发生直接人工 8000 元，实际发生制造费用 5000 元，6 月份材料成本差异率为 2%。甲产品生产成本明细账如表 9-17 所示。

表 9-17 生产成本明细账

产品名称：甲产品　　　　　　　　完工产量：500 件　　　　　　　　单位：元

项 目	明细项目	直接材料	直接人工	制造费用
月初在产品成本	定额成本(1)	5000	2000	1500
	脱离定额差异(2)	−200	−100	−800
	材料成本差异(3)	50		
月初在产品定额变动差异	定额成本调整(4)	−297.62	−200	−375
	定额变动差异(5)	297.62	200	375
本月生产费用	定额成本(6)	20 540	8000	6000
	脱离定额差异(7)	1660		−1000
	材料成本差异(8)	444		
生产费用合计	定额成本(9)=(1)+(4)+(6)	25 242.38	9800	7125
	脱离定额差异(10)=(2)+(7)	1460	−100	−1800
	定额变动差异(11)=(5)	297.62	200	375
	材料成本差异(12)=(3)+(8)	494		
差异分配率	脱离定额差异(13)=(10)÷(9)	0.0578	−0.0102	−0.2526
	定额变动差异(14)=(11)÷(9)	0.0118	0.0204	0.2526
	材料成本差异(15)=(12)÷[(9)+(10)+(11)]	0.0183		
产成品成本	定额成本(16)	19 750	9000	4500
	脱离定额差异(17)=(16)×(13)	1141.55	−91.8	−1139.67
	定额变动差异(18)=(16)×(14)	233.05	183.6	236.7
	材料成本差异(19)=((16)+(17)+(18))×(15)	386.58		
	实际成本(20)=(16)+(17)+(18)+(19)	21 511.18	9091.80	3597.03

项　目	明细项目	直接材料	直接人工	制造费用
产成品单位成本	定额成本(21)=(20)÷500	39.5	18	9
	脱离定额差异(22)	2.2831	−0.1836	−2.2793
	定额变动差异(23)	0.4661	0.3672	0.4734
	材料成本差异(24)	0.773 16		
月末在产品成本	定额成本(25)=(9)−(16)	5492.38	800	2625
	脱离定额差异(26)=(10)−(17)	318.45	−8.2	−660.33
	定额变动差异(27)=(11)−(18)	64.57	16.4	138.3
	材料成本差异(28)=(12)−(19)	107.42		

七、定额法的优缺点

(一)优点

(1) 由于采用定额成本计算法可以计算出定额与实际费用之间的差异额，并采取措施加以改进，所以采用这种方法有利于加强成本的日常控制。

(2) 由于采用定额成本计算法可计算出定额成本、定额差异、定额变动差异等项指标，有利于进行产品成本的定期分析。

(3) 通过对定额差异的分析，可以对定额进行修改，从而提高定额的管理和计划管理水平。

(4) 由于有了现成的定额成本资料，可采用定额资料对定额差异和定额变动差异在完工产品和在产品之间进行分配。

(二)缺点

(1) 因需要分别核算定额成本、定额差异和定额变动差异，工作量较大，推行起来比较困难。

(2) 不便于对各个责任部门的工作情况进行考核和分析。

(3) 定额资料若不准确，则会影响成本计算的准确性。

项　目　小　结

分类法是先按照一定的分类标准对产品进行分类，以产品类别作为成本计算对象，设置生产成本明细账，归集生产费用和计算各类产品成本，在此基础上选择合适的标准在各大类产品内部分配计算并确定各品种、规格产品成本的产品成本计算方法。

联产品是指用同一种原料，经过同一个生产过程，生产出两种或两种以上的不同性质和用途的产品，这些产品都是企业的主要产品。副产品是指在主要产品的生产过程中，附带生产出的非主要产品。

定额法是以产品的定额成本为基础，加、减脱离定额差异和定额变动差异，进而计算产品实际成本的一种方法。

练 习 题

一、单项选择题

(1) 产品成本计算的分类法适用于(　　)。

    A. 品种、规格繁多的产品

    B. 可以按照一定标准分类的产品

    C. 品种、规格繁多，但可以按照一定标准分类的产品

    D. 只适用大批大量生产的产品

(2) 采用系数法时，被选定为标准产品的应是(　　)。

    A. 产量较大，生产比较稳定或规格适中的产品

    B. 盈利最多的产品

    C. 成本计算工作量最大的产品

    D. 占企业产品成本比重最大的产品

(3) 在生产主要产品的过程中，附带生产出一些非主要产品，这些非主要产品通常称为(　　)。

    A. 产成品　　　　B. 联产品　　　　C. 副产品　　　D. 在产品

(4) 在生产过程中，企业实际发生的成本与定额成本的差异是(　　)。

    A. 定额变动差异　　　　　　　B. 脱离定额差异

    C. 材料成本差异　　　　　　　D. 标准成本

(5) 某产品原材料定额费用为 10 000 元，原材料脱离定额差异为-2 000 元，材料成本差异率为-1%，该产品应分配的原材料成本差异为(　　)。

    A. 20 元　　　　　B. -80 元　　　　　C. -100 元　　　D. 120 元

二、多项选择题

(1) 下列产品中可以采用分类法计算成本的是(　　)。

    A. 联产品　　　　B. 零星产品　　　　C. 等级品　　　D. 副产品

(2) 采用定额法计算产品成本，产品实际成本的组成项目有(　　)。

    A. 定额成本　　　　　　　　　B. 脱离定额差异

    C. 材料成本差异　　　　　　　D. 定额变动差异

(3) 材料脱离定额差异的计算方法有(　　)。

    A. 加权平均法　　　　　　　　B. 盘存法

    C. 限额领料单法　　　　　　　D. 切割法

(4) 采用定额法计算产品成本的企业，应当具备的条件有(　　)。

    A. 定额管理制度比较健全　　　　　　B. 定额管理基础工作比较好

    C. 产品生产已经定型　　　　　　　　D. 各项消耗定额比较准确、稳定

(5) 采用分类法计算产品成本，某类产品中各种产品之间分配费用的标准可以选用(　　)。

    A. 定额消耗量　　B. 定额费用　　　　C. 产品体积　　D. 相对固定的系数

(6) 定额法的主要特点是(　　)。

    A. 简化成本计算工作

    B. 将定额成本作为降低成本的目标

    C. 在定额成本的基础上加减成本差异计算实际成本

    D. 对定额和差异分别核算

(7) 计算和分析脱离定额成本差异主要包括(　　)。

    A. 直接材料脱离定额差异　　　　　　B. 直接人工脱离定额差异

    C. 制造费用脱离定额差异　　　　　　D. 管理费用脱离定额差异

(8) 成本计算的辅助方法有(　　)。

    A. 品种法　　　　B. 分步法　　　　　C. 分类法　　　　D. 定额法

(9) 下列关于副产品及其成本计算的说法正确的是(　　)。

    A. 副产品指在主要产品生产过程中，附带生产出来的非主要产品

    B. 副产品不是企业生产活动的主要目的

    C. 副产品的价值比较低时，副产品可以不负担分离前的联合成本

    D. 可以按定额成本计算副产品成本

(10) 为了简化成本计算工作，(　　)等一般可以全部由本月完工产品成本负担。

    A. 定额成本　　　　　　　　　　　　B. 脱离定额差异

    C. 材料成本差异　　　　　　　　　　D. 定额变动差异

三、判断题

(1) 分类法不是成本计算的基本方法，它与企业生产类型没有直接关系。　　　　(　　)

(2) 定额变动差异是产品生产过程中实际生产费用脱离现行定额的差异。　　　　(　　)

(3) 定额法的使用范围与企业生产类型没有直接关系。　　　　　　　　　　　　(　　)

(4) 主产品、副产品在分离前应合为一类产品计算成本。　　　　　　　　　　　(　　)

(5) 分类法可以不与其他成本计算方法结合使用。　　　　　　　　　　　　　　(　　)

四、综合实训题

实训一

(一)实训目的：通过实训，掌握分类法的核算方法。

(二)实训资料:

某电子厂生产各类小型电机,采用分类法计算产品成本。该厂生产的 A 类电机中,包括甲、乙、丙三种规格的产品,以其中的乙产品作为标准产品。各产品材料在生产开始时一次投入,月末生产费用在完工产品和 A 类在产品之间采用约当产量比例法进行分配。20× × 某 6 月份有关资料如表 9-18、表 9-19、表 9-20 所示。

表 9-18　各产品消耗定额

产品名称	原材料消耗定额/千克	工时消耗定额/小时
甲产品	12	6
乙产品	10	4
丙产品	8	3

表 9-19　A 类产品 6 月份月末产量

产品名称	月末在产品		在产品约当产量	完工产品数量/台
	数　量	完工程度/%		
甲产品	300	50	150	2500
乙产品	250	50	125	2000
丙产品	0		0	1200

表 9-20　A 类产品成本资料　　　　　　　　　　　　　　　单位:元

项　目	直接材料	直接人工	制造费用	合计
月初在产品	17 640	1950	4800	24 390
本月发生费用	146 610	47 050	65 200	258 860
合计	164 250	49 000	70 000	283 250

(三)实训要求: 使用分类法计算甲、乙、丙产品的成本,填表 9-21 到表 9-24。

(1)

表 9-21　分配系数计算表

类别: A 类　　　　　　　　　　　20××年 6 月　　　　　　　　　　　单位:元

产品名称	材料费用系数	工时消耗系数
甲产品		
乙产品		
丙产品		

表 9-22 标准产品产量换算表

类别：A 类 20××年6月 单位：元

产品名称	完工产品数量	在产品数量	原材料			
			材料费用系数	完工产品折合标准数量	在产品折合标准数量	标准产量合计
(1)	(2)	(3)	(4)	(5)=(2)×(4)	(6)=(3)×(4)	(7)=(5)+(6)
甲产品						
乙产品						
丙产品						
合计						
	(8)	(9)	(10)=(2)×(9)	(11)=(8)×(9)	(12)=(10)×(11)	
甲产品						
乙产品						
丙产品						
合计						

表 9-23 生产成本明细表

类别：A 类 20××年6月 单位：元

摘　要	成本项目			
	直接材料	直接人工	制造费用	合　计
月初在产品成本				
本月发生费用				
合计				
分配率				
完工产品成本				
月末在产品成本				

表 9-24 各产品成本计算表

类别：A 类 20××年6月 单位：元

项目	产量	分配原材料的标准产量	分配工费的标准产量	直接材料	直接人工	制造费用	合计	单位成本
分配率								
甲产品								
乙产品								
丙产品								
合计								

实训二

(一)实训目的:通过实训,掌握分类法的核算方法。

(二)实训资料:

某工业企业大量生产甲、乙、丙三种产品。这三种产品耗用的原材料相同,生产工艺相近,因而归为一类产品采用分类法计算成本。该类产品的消耗定额比较准确稳定,各月末在产品数量变动也不大,因而月末在产品按定额成本计价。本月份初、月末在产品的定额总成本如表9-25所示。

表9-25　在产品成本表

单位:元

项目	直接材料	直接人工	制造费用	合计
月初在产品定额成本	7300	1500	4500	13 300
月末在产品定额成本	5200	1000	3000	9200

8月份该类产品的生产费用为:直接材料65 100元,直接人工12 250元,制造费用36 750元。分配类内各种产品的标准是:原材料费用按用料系数比例分配;其他各项费用按定额工时比例分配。用料系数根据产品的材料消耗定额计算确定。材料消耗定额为:甲产品9.6千克,乙产品8千克,丙产品6.4千克,以乙产品为标准产品。工时消耗定额为:甲产品6小时,乙产品7小时,丙产品5小时。本月各种产品的产量为:甲产品1500件,乙产品2000件,丙产品500件。

(三)实训要求:用分类法计算甲、乙、丙三种产品的成本,填表9-26到表9-28。

(1)

表9-26　产品用料系数计算表

类别:　　　　　　　　　20××年8月　　　　　　　　单位:元

产品名称	材料消耗定额/千克	用料系数
甲产品		
乙产品		
丙产品		

(2)

表9-27　生产成本明细表

类别:　　　　　　　　　20××年8月　　　　　　　　单位:元

摘要	成本项目			
	直接材料	直接人工	制造费用	合计
月初在产品成本				
本月发生费用				
本月费用累计				

续表

摘 要	成本项目			
	直接材料	直接人工	制造费用	合 计
本月完工转出产品成本				
月末在产品定额成本				

(3)

表 9-28　各种产品成本计算表

20××年 8 月

项目	产量/件	直接材料费用系数	直接材料费用总系数	工时定额	定额工时	直接材料/元	直接人工/元	制造费用/元	合计/元
费用分配率									
甲产品									
乙产品									
丙产品									
合计									

实训三

(一)实训目的：通过实训，掌握定额法的核算方法。

(二)实训资料：

某电子厂大批量生产 A 产品，采用定额法计算产品成本。月初在产品 20 件，本月投入生产产品 90 件，本月完工产品 80 件，月末在产品 30 件。材料系生产开始时一次性投入，材料消耗定额由上月的 80 元降至本月的 72 元，材料成本差异率为-2%，单位产品工时定额为 10 小时，计划小时工资率为 5 元，计划小时制造费用率为 3 元。材料成本差异和定额变动差异全部由完工产品负担，脱离定额差异按完工产品定额成本和在产品定额成本的比例分配。上月初在产品成本如表 9-29 所示。

表 9-29　月初在产品成本　　　　　　　　　　　　　　单位：元

项 目	直接材料	直接人工	制造费用
月初在产品定额成本	1600	500	300
脱离定额差异	36	−20.25	15.5

(三)实训要求：用定额法计算本月完工产品成本，填表 9-30。

表 9-30　产品成本计算表

产品名称：A 产品

单位：元

项目	明细项目	直接材料	直接人工	制造费用	成本合计
月初在产品成本	定额成本				
	脱离定额差异				
	材料成本差异				
月初在产品定额变动差异	定额成本调整				
	定额变动差异				
本月生产费用	定额成本				
	脱离定额差异				
	材料成本差异				
生产费用合计	定额成本				
	脱离定额差异				
	定额变动差异				
	材料成本差异				
差异分配率	脱离定额差异				
	定额变动差异				
	材料成本差异				
产成品成本	定额成本				
	脱离定额差异				
	定额变动差异				
	材料成本差异				
	实际成本				
产成品单位成本	定额成本				
	脱离定额差异				
	定额变动差异				
	材料成本差异				
月末在产品成本	定额成本				
	脱离定额差异				
	定额变动差异				
	材料成本差异				

高职高专会计专业规划教材

项目十

工业企业成本报表的编制与分析

学习目标

- 了解成本报表的概念、作用和分类。
- 掌握成本分析的基本方法。

技能要求

- 会熟练编制各种成本报表。
- 会分析各种成本报表。

任务一　成本报表概述

一、成本报表的概念

　　成本报表是根据日常成本核算资料编制，用以反映企业生产费用与产品成本的构成及其升降变动情况，以考核各项费用与生产成本计划执行结果的会计报表，它是会计报表体系的重要组成部分。成本报表资金耗费和产品成本及其升降变动情况，用以考核成本计划执行结果。产品成本作为反映企业生产经营活动情况的综合性指标，是企业经营管理水平的重要尺度。

二、成本报表的作用

(一)便于详细反映企业成本情况

　　反映成本情况的报表有产品生产成本表或产品生产成本及销售成本表、主要产品生产成本表、责任成本表、质量成本表等。这类报表侧重于揭示企业为生产一定种类和数量产品所花费的成本是否达到了预定的目标，通过分析比较，找出差距，明确薄弱环节，为进一步采取有效措施，挖掘降低成本的内部潜力提供有效的资料。

(二)便于企业进行成本分析

　　通过成本报表资料的分析，可以揭示成本差异对产品成本升降的影响程度以及发现产生差异的原因和责任，从而可以有针对性地采取措施，把注意力放在解决那些属于不正常的、对成本有重要影响的关键性差异上，这样对于加强日常成本的控制和管理就有了明确的目标。

(三)为编制成本计划提供依据

　　企业要制订成本计划，必须明确成本计划目标。这个目标是建立在报告年度产品成本实际水平的基础上，结合报告年度成本计划执行的情况，考虑计划年度中可能变化的有利因素和不利因素，来制订新年度的成本计划。所以说本期成本报表所提供的资料，是制订下期成本计划的重要参考资料。同时，管理部门也根据成本报表资料来对未来时期的成本进行预测，为企业制定正确的经营决策和加强成本控制与管理提供必要的依据。

(四)有利于正确评价相关部门和人员的工作业绩

　　利用成本报表上所提供的资料，经过有关指标计算、对比，可以明确各有关部门和人员在执行成本计划、费用预算过程中的成绩和差距，以便总结工作的经验和教训，奖励先进，鞭策后进，调动广大职工的积极性，为全面完成和超额完成企业成本费用计划预算而努力奋斗。

三、成本报表的分类

(一)按成本报表反映的内容分类

按成本报表反映的内容来划分,可将成本报表分为以下两类。

(1) 反映企业为生产一定种类和一定数量产品所支出的生产费用的水平及其构成情况的产品成本情况类的报表。属于此类成本报表的有全部产品成本报表和主要产品单位成本表等。

(2) 反映企业在一定时期内各种费用总额及其构成情况的费用支出类的报表。属于此类成本报表的主要有制造费用明细表、期间费用明细表。

成本报表分类如图 10-1 所示。

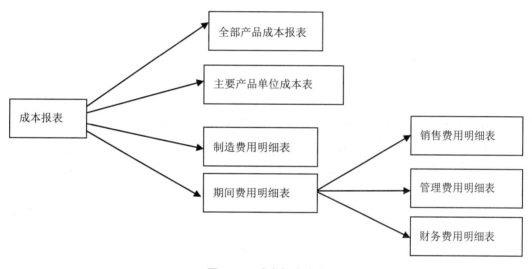

图 10-1 成本报表分类

(二)按成本报表编制的时间分类

为了加强成本的日常管理,企业可以定期编制报表,按编报时间分为年报、季报、月报、旬报、周报和日报等;若有需要,企业也可不定期编制成本报表。

四、成本报表的特点

(一)服务内部

过去在计划经济下的成本报表和新体制下的成本报表编报服务对象和目的是有差别的。在计划经济模式下,成本报表与其他财务报表一样都是向外向上编报,以为上级服务为主。在市场经济模式下,成本报表主要为企业内部管理服务,满足企业管理者、成本责任者对成本信息的需求,有利于观察、分析、考核成本的动态,有利于控制计划成本目标的实现,也有利于预测工作。

高职高专会计专业规划教材

(二)内容灵活

对外报表的内容，由国家统一规定，强调完整性。内部成本报表主要是围绕着成本管理需要反映的内容，没有明确规定一个统一的内容和范围，不强调成本报告内容的完整性，往往从管理出发对某一问题或某一侧面进行重点反映，揭示差异，找出原因，分清责任。因此，内部成本报表的成本指标可以是多样化，以适应不同使用者和不同管理目的对成本信息的需求，使内部成本报表真正为企业成本管理服务。

(三)适应性

对外报表的格式与内容一样，都由国家统一规定，企业不能随意改动。而内部成本报表的格式是随着反映的具体内容，可以自己设计，允许不同内容可以有不同格式，同一内容在不同时期也可有不同格式，总之，只要有利于为企业成本管理服务，可以拟订不同报表格式进行反映和服务。

(四)不定时性

对外报表一般都是定期地编制和报送，并规定在一定时间内必须报送。而内部成本报表主要是为企业内部成本管理服务，所以，内部成本报表可以根据内部管理的需要适时地、不定期地进行编制，使成本报表及时地反映和反馈成本信息，揭示存在的问题，促使有关部门和人员及时采取措施，改进工作，提高服务效率，控制费用的发生，达到节约的目的。

(五)体系明确

对外报表一般是按时间编报的，主要是报送财政、银行和主管部门。而内部成本报表是根据企业生产经营组织体系逐级上报，或者是为解决某一特定问题，在权责范围内进行传递，使有关部门和成本责任者及时掌握成本计划目标执行的情况，揭示差异，查找原因和责任，评价内部环节和人员的业绩。

五、成本报表编制的要求

为了提高成本信息的质量，充分发挥成本报表的作用，成本报表的编制应符合下列基本要求。

(一)真实性

即成本报表的指标数字必须真实可靠，能如实地集中反映企业实际发生的成本费用。

(二)重要性

即对于重要的项目(如重要的成本、费用项目)，在成本报表中应单独列示，以显示其重要性；对于次要的项目，可以合并反映。

(三)正确性

即成本报表的指标数字要计算正确；各种成本报表之间、主表与附表之间、各项目之间，凡是有钩稽关系的数字，应相互一致；本期报表与上期报表之间有关的数字应相互衔接。

(四)完整性

即应编制的各种成本报表必须齐全；应填列的指标和文字说明必须全面；表内项目和表外补充资料不论根据账簿资料直接填列，还是分析计算填列，都应当准确无缺，不得随意取舍。

(五)及时性

即按规定日期报送成本报表，保证成本报表的及时性，以便各方面利用和分析成本报表；充分发挥成本报表的应有作用。

任务二　全部产品生产成本表的编制及分析

全部产品生产成本表是反映工业企业在报告期内全部产品生产总成本的报表。编制此表的目的是考核全部产品成本计划的完成情况，以及分析各种可比产品成本降低任务的完成情况，为预测未来产品成本水平和制定合理目标成本提供依据。该表一般有两种编制方法：一种按照成本项目反映，另一种按照产品品种反映。两种报表有各自不同的结构。

一、按成本项目反映的产品生产成本表的编制和分析

(一)按成本项目反映的产品生产成本表的编制

1. 按成本项目反映的产品生产成本表的结构

按照成本项目反映的全部产品生产成本表，是按照成本项目汇总反映企业报告期内发生的全部生产费用和产品成本的报表。该表可以分为生产费用和产品生产成本两部分。生产费用部分按照成本项目反映报告期内发生的各种生产费用及其合计数；在此基础上加上在产品和自制半成品的期初余额，即可计算出产品生产成本的合计数。该表的生产费用部分和产品生产成本部分分别按照上年实际数、本年计划数、本期实际数和本年累计实际数设置相应专栏。按照成本项目反映的全部产品生产成本表的格式如表 10-1 所示。

表 10-1　全部商品生产成本表(按成本项目反映)

20××年×月　　　　　　　　　　　　　　　　　　　单位：元

项　目	上年实际	本年计划	本月实际	本年累计实际
生产费用：				
直接材料				
直接人工				
制造费用				
其他直接支出				
生产费用合计				
加：在产品、自制半成品期初余额				
减：在产品、自制半成品期末余额				
产品生产成本合计				

2. 按成本项目反映的生产成本表的编制方法

"上年实际"数根据上年 12 月份表中的"本年累计实际"数填列。

"本年计划"数根据成本计划有关数据填列。

"本月实际"数根据各种产品成本明细账有关项目数据分别汇总填列。

"本年累计实际"数根据"本月实际"数加上上月份本表的"本年累计实际"数计算填列。

"在产品、自制半成品期初余额"即本年年初余额；"在产品、自制半成品期末余额"是截止累计月份的月末余额。

(二)按成本项目反映的产品生产成本表的分析

按成本项目反映的产品生产成本表，一般可以采用对比分析法、构成比率分析法和相关指标比率分析法进行分析。

1. 对比分析法

对比分析法也称比较分析法，它是通过实际数与基数的对比来揭示实际数与基数之间的差异，借以了解经济活动的成绩和问题的一种分析方法。

对比分析法只适用于同质指标的数量对比。在采用这种分析法时，应当注意相比指标的可比性。如果相比的指标之间有不可比因素，应先按可比的口径进行调整，然后再进行对比。

2. 构成比率分析法

构成比率分析法是通过计算某项指标的各个组成部分占总体的比重，即部分与全部的比率，进行数量分析的方法。这种比率分析法也称比重分析法。通过这种分析，可以反映产品成本或者经营管理费用的构成是否合理。

产品成本构成比率的计算公式如下：

$$直接材料成本比率 = \frac{直接材料成本}{产品成本} \times 100\%$$

$$直接人工成本比率 = \frac{直接人工成本}{产品成本} \times 100\%$$

$$制造费用比率 = \frac{制造费用}{产品成本} \times 100\%$$

不论采用什么比率分析法，进行分析时，还应将比率的实际数与其基数进行对比，揭示其与基数之间的差异。

3. 相关指标比率分析法

相关指标比率分析法是计算两个性质不同而又相关的指标的比率进行数量分析的方法。它可以反映各企业经济效益的好坏。

产值成本率、销售收入成本率和成本利润率的计算公式如下：

$$产值成本率 = \frac{成本}{产值} \times 100\%$$

$$销售收入成本率 = \frac{成本}{销售收入} \times 100\%$$

$$成本利润率 = \frac{利润}{成本} \times 100\%$$

从上述计算公式可以看出，产值成本率和销售收入成本率高的企业经济效益差；这两种比率低的企业经济效益好。而成本利润率则与之相反，成本利润率高的企业经济效益好；成本利润率低的企业经济效益差。

【例 10-1】某企业 20××年度编制的按成本项目反映的产品生产成本表和产品成本计划比较表，按成本项目对全部产品总成本的分析如表 10-2 所示。

表 10-2　全部产品成本计划完成情况分析——按成本项目分析

20××年　　　　　　　　　　　　　　　　　　　　　　　　单位：元

成本项目	实际产量的总成本		与计划成本比	
	按本年计划单位成本计算	本年实际	成本降低额	成本降低率/%
直接材料	78 900	70 000	8900	11.28
直接人工	30 000	32 000	-2000	-6.67
制造费用	67 000	69 000	-2000	-2.99
合计	175 900	171 000	4900	2.79

从表 10-2 中可以看出，按成本项目反映的全部产品成本计划完成情况，与计划比较的成本降低额为 4900 元。从表中可以看出，构成产品总成本的三个成本项目，直接材料项目完成了，计划降低率为 11.28%；直接人工和制造费用项目均超支，计划降低率分别为 -6.67% 和 -2.99%，超支应引起重视，查找原因。

二、按产品品种反映的产品生产成本表的编制和分析

(一)按产品品种反映的产品生产成本表的编制

1. 按产品品种反映的产品生产成本表的结构

按产品品种反映的产品生产成本表，是按照产品品种汇总反映企业报告期内生产的全部产品的单位成本和总成本的报表。该表按实际产量、单位成本、本月总成本和本年累计总成本四部分分别反映，并按照产品种类分别反映本月产量、本年累计产量，以及上年实际成本、本年计划成本、本月实际成本和本年累计实际成本。

在按产品种类反映的产品生产成本表中，应按可比产品和不可比产品分别填列，反映可比产品、不可比产品全部产品的本月总成本和本年累计总成本。

可比产品是指上年或近年曾正常生产，本年度或计划年度仍继续生产，并有成本资料可进行前后期对比的产品。不可比产品是指本年度第一次生产或在上年度试制而尚未正常生产，并无成本资料可进行前后期对比的产品成本。如果某种产品，上年度虽已初次生产，但其生产成本较高，一般仍应将其成本视同不可比产品。对不可比产品成本，通常用计划成本或预算成本来考核分析。

按照产品品种反映的全部产品生产成本表的格式如表 10-3 所示。

表 10-3　全部产品生产成本表(按产品品种反映)

20××年　　　　　　　　　　　　　　　　　　　　　　　　　单位：元

产品名称/件	产量			单位成本				本月总成本			本年累计总成本		
	本月实际	本年计划	本年累计实际	上年实际平均	本年计划	本月实际	本年累计实际平均	按上年实际平均单位成本计算	按本年计划单位成本计算	本月实际	按上年实际平均单位成本计算	按本年计划单位成本计算	本年实际
可比产品合计													
其中：A产品													
B产品													
不可比产品合计													
其中：C产品													
产品成本合计													

可比产品成本的降低额和降低率的计算公式如下：

可比产品成本降低额＝可比产品按上年实际平均单位成本计算的本年累计总成本－本年累计实际总成本

$$可比产品成本降低率＝\frac{可比产品成本降低额}{可比产品按上年实际平均单位成本计算的本年累计总成本}$$

2. 按产品品种反映的全部产品生产成本表的编制方法

(1) "产品名称"项目按照企业所生产各种可比产品和不可比产品的名称填列。

(2) "产量"栏中的"本月实际"和"本年累计实际"分别根据完工产品明细账的本月和从年初起至本月末止各种产品的实际产量填列；"本年计划"项目根据企业生产计划填列。

(3) "单位成本"栏：

① "上年实际平均"项目根据上年本表年末的"本年累计实际平均"数填列。

② "本年计划"项目根据企业成本计划填列。

③ "本月实际"和"本年累计实际平均"项目分别根据各种产品成本明细账的本月和从年初起至本月止各种产品的单位成本或平均成本填列。

(4) "本月总成本"栏：

① "按上年实际平均单位成本计算"项目是本月实际产量与上年实际平均单位成本之积。

② "按本年计划单位成本计算"项目是本月实际产量与本年计划单位成本之积。

③ "本月实际"项目是根据本月有关产品成本明细账的记录填列。

(5) "本年累计总成本"各项目是：

① "按上年实际平均单位成本计算"项目是本年累计实际产量与上年实际平均单位成本之积。

② "按本年计划单位成本计算"项目是本年累计实际产量与本年计划单位成本之积。

③ "本年实际"项目是根据有关产品成本明细账的记录填列。

(二)按产品品种反映的产品生产成本表的分析

按产品品种反映的产品生产成本表的分析，一般可以从以下两个方面进行：一是本期实际成本与计划成本的对比分析，二是本期实际成本与上年实际成本的对比分析。

1. 本期实际成本与计划成本的对比分析

进行这一方面的成本分析，确定全部产品和各种主要产品实际成本与计划成本的差异，了解成本计划的执行结果。

2. 本期实际成本与上年实际成本的对比分析

对于可比产品，还可以进行这一方面的成本对比，分析可比产品成本在本期与上年相比的升降情况。如果企业规定有可比产品成本降低计划，即成本的计划降低率或降低额，还应进行可比产品成本降低计划执行结果的分析。

(1) 可比产品成本升降情况的分析。企业应当根据产品生产成本表中所列全部可比产品和各种可比产品的本月实际总成本和本年累计实际总成本，分别与其本月按上年实际单位成本计算的总成本和本年按上年实际平均单位成本计算的累计总成本进行比较，确定全部可比产品和各种可比产品本期实际成本与上年实际成本的差异，了解成本升降情况。

(2) 可比产品成本降低计划执行结果的分析。在产品品种比重和产品单位成本不变的情况下，产量增减会使成本降低额发生同比例增减，但由于按上年实际平均单位成本计算的本年累计总成本也发生了同比例增减，因而不会使成本降低率发生变动。产品单位成本的变动，则会影响成本降低额和降低率同时发生变动。产品单位成本降低使成本降低额和降低率增加；反之，则会减少。

任务三　主要产品单位成本表的编制与分析

一、主要产品单位成本表的结构

主要产品单位成本表是反映企业在一定时期内(如月份、季度、年度)生产的各种主要产品单位成本的构成和各项主要经济指标执行情况的成本报表，是产品生产成本表的必要补充。该表分为两部分，第一部分为本表的基本部分，是分别按每一种主要产品进行编制的，表中除反映产品名称、规格、计量单位、产量、售价之外，主要是按成本项目反映单位成本的构成和水平；第二部分反映单位产品所耗用的各种主要原材料的数量和生产工时等主要经济技术指标，为分析、考核提供简便的资料。主要产品单位成本表的格式如表 10-4 所示。

表 10-4　主要产品单位成本表

××年×月

产品名称：　　　　　　　　　　　　　产品销售单价：
计量单位：　　　　　　　　　　　　　本月实际产量：
本月计划产量：　　　　　　　　　　　本年累计实际产量：

成本项目	历史先进水平	上年实际平均	本年计划	本月实际	本年累计实际平均
直接材料					
直接人工					
制造费用					
其他直接支出					
产品单位成本					
主要经济技术指标	用量	用量	用量	用量	用量
××材料用量/千克					
产品耗用生产工时/小时					

二、主要产品单位成本表的编制方法

(1) "成本项目"按照国家和企业主管部门的规定填列。

(2) "主要经济技术指标"各项，反映单位产品所耗用的各种主要原材料和生产工时情况，按照企业自己确定的或企业主管部门规定的指标名称和填列方法填列。

(3) "历史先进水平"栏目，反映单位成本和单位消耗的历史先进水平，根据企业成本最低年度相关资料填列。

(4) "上年实际平均"栏目，反映上年度各成本项目的平均单位成本和单位消耗，根据上年产品的实际成本资料计算填列。

(5) "本年计划"栏目，反映成本计划规定的各成本项目的单位成本和单位消耗，根据成本计划有关资料填列。

(6) "本月实际"栏目，反映本月各成本项目的单位成本和单位消耗，根据本月实际产品成本资料填列。

(7) "本年累计实际平均"栏目，反映自年初起至本月末止产品的累计平均单位成本和单位平均消耗，根据本年产品各月实际成本资料累计相加填列。

三、主要产品单位成本表的分析

主要产品单位成本表的分析可以揭示各种产品成本和它们的各个成本项目以及各项消耗定额的超支和节约情况，能够密切地结合产品设计、生产工艺和操作方法的变化，确定各项技术经济指标对成本的影响，从而评价各项技术及经济措施的经济效果，找出各种产品成本升降的具体原因。

(一)主要产品单位成本计划完成情况分析

主要产品单位成本计划完成情况分析，应采用比较分析法，计算单位成本实际相对于计划及上期的升降情况，之后可着重对某些产品进一步按成本项目对比研究其成本变动情况，查明影响单位成本升降的原因。

【例 10-2】某企业生产甲产品，原材料是 A 材料和 B 材料，以表 10-5 的资料为依据，进行产品单位成本分析。

表 10-5　主要产品单位成本表

编报单位：××　　　　　　　　　　　　　20××年　　　　　　　　　　　　　单位：元

成本项目	上年实际平均单位成本		本年计划单位成本		本年实际平均单位成本	
直接材料	280		245		292	
直接人工	185		175		180	
制造费用	178		162		155	
合计	643		582		627	
明细项目	上年数		计划数		实际数	
	单位用量/公斤	金　额	单位用量/公斤	金　额	单位用量/公斤	金　额
A 材料	18	190	15	135	17	136
B 材料	12	90	10	110	13	156
工时	160	280	140		150	

根据表 10-5 中的资料可以编制单位成本分析表(见表 10-6)，以了解成本升降情况和一般原因。从表 10-6 中可见，甲产品的实际单位成本比计划超支 45 元，超支率为 7.73%，成本超支主要是直接材料和直接人工的提高引起的，因而要进一步分析其提高的原因。

表 10-6 甲产品单位成本分析表

| 成本项目 | 计划成本/元(1) | 实际成本/元(2) | 降低(-)或超支(+) | | 各项目超支或降低对单位成本的影响/% |
			金额/元 (3)=(2)-(1)	% (4)=(3)÷(1)	(5)=(3)÷582
直接材料	245	292	+47	+19.18	+8.08
直接人工	175	180	+5	+2.86	+0.86
制造费用	162	155	-7	-4.32	-1.20
合计	582	627	+45	+7.73	+7.73

(二)主要产品单位成本项目变动原因分析

对主要产品单位成本项目变动原因进行分析，可用因素分析法。因素分析法是依据分析指标与其影响因素之间的关系，按照一定的程度和方法，确定各因素对分析指标影响程度的一种方法。因素分析法适用于由多种因素构成的综合性指标的分析。

因素分析法的一般程序如下。

首先，确定影响指标变动的各项因素。

其次，排列各项因素的顺序(一般先数量后质量，先实物后价值，先主要后次要)。

再次，顺序将前面一项因素的基数替换为实际数，其余因素不变，有几项因素就替代几次。

最后，将每次替换后的计算结果与其前一次替换后的计算结果进行对比，确定因素变动的影响程度。

因素分析法有两种分析计算形式：连环替代分析法和差额计算法。

1. 连环替代分析法

(1) 概念：连环替代法是将综合性的经济指标分解，以组成该综合性指标各个因素的实际数，按顺序替换比较的标准值，计算各个因素变动对该综合性指标的影响程度的方法。

(2) 计算公式如下：

假设目标值 R 有三个影响因素，分别是 A、B、C。

标准：$R1 = A1 \times B1 \times C1$

实际：$R2 = A2 \times B2 \times C2$

替换 A 因素，$N1 = A2 \times B1 \times C1$

替换 B 因素，$N2 = A2 \times B2 \times C1$

替换 C 因素，$N3 = A2 \times B2 \times C2$

2. 差额计算法

(1) 概念：差额计算法是因素分析法在实际应用中的一种简化形式。

(2) 计算公式如下。

标准：$R1=A1×B1×C1$

实际：$R2=A2×B2×C2$

A 因素变动对总差异的影响$=(A2-A1)×B1×C1$

B 因素变动对总差异的影响$=A2×(B2-B1)×C1$

C 因素变动对总差异的影响$=A2×B2×(C2-C1)$

(三)主要产品单位成本直接材料项目变动原因分析

直接材料项目成本差异是由直接材料耗用量变动与其价格的变动引起的，用因素分析法分析各因素变动对直接材料费的影响。计算公式如下：

材料耗用量差异的影响=(实际单位耗用量-计划单位耗用量)×材料的计划单价

材料价格差异的影响=实际单位耗用量×(材料实际单价-材料计划单价)

【例 10-3】以例 10-2 中的甲产品为例，说明材料项目的分析方法。甲产品所用 A、B 材料的计划价格与实际价格如表 10-7 所示。根据表 10-5，整理后，编制直接材料项目成本分析表如表 10-7 所示。

表 10-7　直接材料项目成本分析表

材料名称	耗用量/千克		材料单价/元		材料成本/元		差异分析	
	计划	实际	计划	实际	计划	实际	数量/千克	价格/元
A 材料	15	17	9	8	135	136	+18	−17
B 材料	10	13	11	12	110	156	+33	+13
合计					245	292	+51	−4

表 10-7 中的具体计算如下。

A 材料用量差异的影响=(17-15)×9=18(千克)

A 材料价格差异的影响=17×(8-9)=-17(元)

B 材料用量差异的影响=(13-10)×11=33(千克)

B 材料价格差异的影响=13×(12-11)=13(元)

甲产品发生直接材料成本超支主要是因为材料的消耗量上升导致的。

(四)主要产品单位成本直接人工项目变动原因分析

直接人工项目分析必须结合工资制度和生产工人的工资分配方法进行。在大多数企业里，各产品的工资费用一般是按照生产工时分配计入各产品成本的。因此，单位产品成本中工资费用的多少，取决于生产单位产品的生产工时和小时工资率两个因素。计算公式如下：

单位产品的直接人工=单位产品的生产工时×小时工资率

单位产品生产工时变动的影响=(单位产品的实际生产工时-单位产品的计划生产工时)×计划小时工资率

小时工资率变动的影响=单位产品的实际生产工时×(实际小时工资率-计划小时工资率)

【例 10-4】以例 10-2 中的甲产品为例,说明生产工人工资的分析方法,有关资料如表 10-8 所示。

表 10-8　甲产品直接工资分析资料

项　目	计划数	实际数	差　异
单位产品的生产工时/小时	140	150	+10
小时工资率/元/小时	1.25	1.2	-0.05
单位产品的直接人工/元	175	180	+5

单位产品的直接人工增加 5 元,分析如下。

单位产品生产工时差异的影响:+10×1.25=+12.5(元)

小时工资率差异的影响:-0.05×150=-7.5(元)

单位产品工资费用变动合计=+12.5+(-7.5)=+5(元)

从以上计算可以看出,甲产品单位成本中工资费用实际比计划超支 5 元,主要是单位产品的生产工时所致。可结合企业具体情况,再进一步分析影响工时数量变动和生产工人工资总额变动的因素。

任务四　各种费用报表的编制与分析

各类费用是指企业在生产经营过程中,各个车间、部门为进行产品生产、组织和管理生产经营活动所发生的制造费用、期间费用。

制造费用按照受益对象计入相关产品的成本中,期间费用计入当期损益。虽然经济用途不同,但是这些费用的发生与企业相关部门的工作效率、相关责任制度的落实息息相关。因此,编制各种费用报表,分析费用的发生,有利于企业合理节约各项费用、降低成本,提高利润空间。

一、制造费用明细表的编制和分析

(一)制造费用明细表的结构

制造费用明细表是反映工业企业在报告期内发生的制造费用总额及其构成情况的报表。编制该表有利于企业分析制造费用的构成和增减变动情况,考核制造费用的预算执行情况。制造费用明细表的格式如表 10-9 所示。

表 10-9　制造费用明细表

编制单位：　　　　　　　　　　　　　　××年×月　　　　　　　　　　　　　　单位：元

项　　目	本年计划	上年同期实际	本月实际	本年累计实际
工资				
职工福利				
折旧费				
修理费				
办公费				
水电费				
机物料消耗				
低值易耗品摊销				
⋮				
合计				

(二) 制造费用明细表的填列方法

(1) "本年计划"栏目，根据制造费用预算的有关项目数据填列。

(2) "上年同期实际"栏目，根据上年同期本表的本月实际数填列。

(3) "本月实际"栏目，根据本月制造费用明细账相关项目填列。

(4) "本年累计实际"栏目，反映制造费用各项目自本年初起至填表月末止的累计实际数，根据制造费用明细账各项目实际数计算填列。

(三) 制造费用明细表的分析

对制造费用明细表进行分析时，主要使用对比分析法和构成比率分析法。

1. 对比分析法

采用对比分析法进行分析时，应该按费用项目进行，由于制造费用项目很多，分析时选择超支或节约数额较大或者费用金额较大的项目有重点地进行。一般先将本月实际数与上年同期实际数进行对比，揭示本月实际与上年同期实际之间的增减变化。若表中列有本月计划数，应先进行这两者的对比，以便分析和考核制造费用月份计划的执行情况。

2. 构成比率分析法

采用构成比率分析法时，先要计算某项费用占制造费用合计数的构成比率，然后将这些构成比率与企业或车间的生产、技术的特点联系起来，分析其构成是否合理；也可将本月实际和半年累计实际的构成比率与本年计划的构成比率和上年同期实际的构成比率进行对比，揭示其差异与上年同期的增减变化，分析差异的增减变化是否合理。

高职高专会计专业规划教材

二、期间费用明细表的编制和分析

期间费用明细表是反映企业本期发生的、不能直接或间接归入营业成本，而是直接计入当期损益的各项费用的报表，包括销售费用明细表、管理费用明细表和财务费用明细表。编制期间费用明细表，有利于企业对期间费用的增减变动情况进行分析，考核期间费用计划的执行情况，有助于企业降低费用，提高利润。

(一)期间费用明细表的结构

1. 销售费用明细表的结构

销售费用明细表的结构如表 10-10 所示。

表 10-10　销售费用明细表

项　目	本年计划	上年同期实际	本月实际	本年累计实际
工资				
职工福利费				
运输费				
装卸费				
保险费				
展览费				
包装费				
广告费				
销售部门办公费				
折旧费				
差旅费				
⋮				
销售费用合计				

2. 管理费用明细表的结构

管理费用明细表的结构如表 10-11 所示。

表 10-11　管理费用明细表

项　目	本年计划	上年同期实际	本月实际	本年累计实际
工资				
职工福利费				
车辆使用费				
业务招待费				
咨询费				

项　　目	本年计划	上年同期实际	本月实际	本年累计实际
设计费				
诉讼费				
低值易耗品摊销				
无形资产摊销				
折旧费				
差旅费				
维修费				
办公费				
审计费				
⋮				
管理费用合计				

3. 财务费用明细表的结构

财务费用明细表的结构如表 10-12 所示。

表 10-12　财务费用明细表

项　　目	本年计划	上年同期实际	本月实际	本年累计实际
利息支出				
利息收入				
维护费				
手续费				
汇兑损益				
⋮				
财务费用合计				

(二)期间费用明细表的编制

(1) "本年计划"数应根据企业本年度销售费用、管理费用和财务费用计划填列。

(2) "上年同期实际"数应分别根据上年同期各表的"本年累计实际"数填列。

(3) "本月实际"数应分别根据销售费用、管理费用和财务费用明细账的本月合计数填列。

(4) "本年累计实际"数应分别根据销售费用、管理费用和财务费用明细账自本年初至本月末为止的累计数填列。

(三)期间费用明细表的分析

期间费用明细表的分析，可以采用比较分析法，即将期间费用的发生情况与预算和以前年度进行比较以发现问题。对期间费用的比较可从两方面着手：一方面比较绝对额差异及其相应的变动比率；另一方面是费用构成的相对比较，即对各费用项目从其结构比重进行详细、具体的分析。进行期间费用的比较分析，可分析评价本期期间费用预算完成情况或期间费用的变动趋势，还可为进一步差异原因的具体分析提供线索。

期间费用比较分析是以满足管理的要求为原则来开展费用分析工作，应掌握重要性原则，关注那些金额较大、金额变动较大以及内容弹性较大的项目。一般来说，月份、季度进行重点项目分析，年度进行全面分析。另外，由于每种费用包含的内容和用途不同，分析具体问题的角度会有所侧重，评价各种费用管理水平高低及其合理性所考虑的业务背景和依据不尽相同。

项 目 小 结

成本报表是根据日常成本核算资料编制，用以反映企业生产费用与产品成本的构成及其升降变动情况，以考核各项费用与生产成本计划执行结果的会计报表。

全部产品生产成本表是反映工业企业在报告期内全部产品生产总成本的报表。编制此表的目的是考核全部产品成本计划的完成情况，以及分析各种可比产品成本降低任务的完成情况，为预测未来产品成本水平和制定合理目标成本提供依据。该表一般有两种编制方法：一种按照成本项目反映，另一种按照产品品种反映。按成本项目反映的产品生产成本表，一般可以采用对比分析法、构成比率分析法和相关指标比率分析法进行分析。

主要产品单位成本表是反映企业在一定时期内(如月份、季度、年度)生产的各种主要产品单位成本的构成和各项主要经济指标执行情况的成本报表，是产品生产成本表的必要补充。对主要产品单位成本项目变动原因进行分析，可用因素分析法。因素分析法是依据分析指标与其影响因素之间的关系，按照一定的程度和方法，确定各因素对分析指标影响程度的一种方法。

各类费用是指企业在生产经营过程中，各个车间、部门为进行产品生产、组织和管理生产经营活动所发生的制造费用、期间费用。

练 习 题

一、单项选择题

(1) 下列指标中，属于构成比率指标的是(　　)。

    A. 产值成本率　　B. 成本利润率　　　C. 费用利润率　D. 制造费用率

(2) 下列各项中，属于商品产品成本表(按成本项目反映)不能提供的资料的是(　　)。

    A. 本年发生的全部生产费用

    B. 本年全部产品生产成本

    C. 本年全部产品按上年单位成本计算的总成本

    D. 上年全部产品生产成本

(3) 下列三因素按因素分析法进行分析时，正确的替换顺序是(　　)。

A. 产品数量、单位产品消耗量、材料单价

B. 单位产品消耗量、材料单价、产品数量

C. 材料单价、产品数量、单位产品消耗量

D. 产品数量、材料单价、单位产品消耗量

(4) 对可比产品成本降低率没有影响的因素是(　　)。

A. 产品品种比重　　　　　　　　B. 产品产量

C. 产品品种比重和产品产量　　　D. 产品单位成本

(5) 在企业中，产值成本率、销售收入成本率和成本利润率等指标可以反映企业经济效率的好坏，这些指标是根据(　　)计算的。

A. 对比分析法　　　　　　　　　B. 相关指标分析法

C. 构成比率分析法　　　　　　　D. 差额计算分析法

二、多项选择题

(1) 下列各项中，属于商品产品成本表(按品种反映)能够提供的资料的有(　　)。

A. 按品种反映的上年实际单位成本　　B. 按品种反映的本年实际单位成本

C. 按品种反映的本年累计总成本　　　D. 按品种反映的上年累计总成本

(2) 根据商品产品成本表(按成本项目反映)，可以计算(　　)。

A. 直接材料费用比率　　　　　　B. 制造费用比率

C. 可比产品成本减低额　　　　　D. 可比产品成本减低率

(3) 为了保证成本信息的质量，充分发挥成本报表的作用，成本报表的编制应符合(　　)。

A. 主次分明　　B. 数字真实　　C. 内容完整　　D. 编报及时

(4) 应用连环替代法应注意的问题是(　　)。

A. 因素分解的相关性　　　　　　B. 分析前提的假定性

C. 替换因素的顺序性　　　　　　D. 替代因素的连环性

(5) 主要产品单位成本表应当反映该主要产品的(　　)。

A. 历史先进水平　　　　　　　　B. 上年实际平均单位成本

C. 本年计划单位成本　　　　　　D. 本年实际平均单位成本

三、判断题

(1) 成本报表一般都是定期地编制和报送，并规定在一定时间内必须报送。　　(　　)

(2) 主要产品单位成本表从成本总额角度揭示了主要产品的成本状况。　　(　　)

(3) 企业的成本报表是对外公布的报表。　　(　　)

(4) 不可比产品是指上年没有正式生产过、没有上年成本资料的产品。　　(　　)

(5) 可比产品成本降低率等于可比产品成本降低额除以全部可比产品的全年总成本。

(　　)

四、综合实训题

实训一

(一)实训目的：通过实训，掌握产品成本表的编制方法和成本分析的方法。

(二)实训资料：

某公司 20××年基本生产车间生产甲、乙、丙三种产品，其中甲、乙为可比产品，丙为不可比产品，有关资料如表 10-13 所示。

表 10-13　产品资料

产品名称	实际产量/台		单位成本/元			实际总成本	
	12月份	本年累计	上年实际平均	本年计划	本年实际	1—11月份累计	
甲	200	2200	100	90	17 600	178 200	
乙	50	550	200	190	9350	94 050	
丙	10	130		420	4310	52 890	

本公司 20××年可比产品成本计划降低率为 8%。

(三)实训要求：

(1) 编制商品产品成本表(见表 10-14)。

表 10-14　全部产品生产成本表(按产品品种反映)

20××年　　　　　　　　　　　　　　　　　　　　　　　　单位：元

产品名称/件	产　量		单位成本			本年累计总成本		
	本月实际	本年累计实际	上年实际平均	本年计划	本年累计实际平均	按上年实际平均单位成本计算	按本年计划单位成本计算	本年实际
可比产品合计								
其中：甲产品								
乙产品								
不可比产品合计								
其中：丙产品								
产品成本合计								

(2) 计算可比产品成本实际降低额和实际降低率。

实训二

(一)实训目的：通过实训，掌握成本分析的方法。

(二)实训资料：

某公司有关成本资料如表 10-15 所示。

表 10-15　有关产量、材料单耗、单价及材料总成本资料

项　目	单　位	2010 年	2011 年	差　异
产品产量	件	900	1000	200
材料单耗	千克	10	9	−1
材料单价	元	10	11	+1
总成本	元	90 000	99 000	9000

(三)实训要求：计算确定各因素变动对产品总成本的影响程度。

项目十一
作业成本法

学习目标

- 掌握作业成本法的几个相关概念。
- 掌握作业成本法的具体步骤。

技能要求

会运用作业成本法计算产品成本。

任务一　作业成本法的相关概念

作业成本法，最开始是作为一种产品成本的计算方法，对传统成本计算方法进行改进，主要表现在采用多重分配标准分配制造费用的改革上。随着成本计算方法的完善，开始兼顾对制造费用和销售费用的分析，以及对价值链成本的分析，并将成本分析的结果应用到战略管理中，从而形成了作业成本管理。

作业成本法不仅是一种成本计算方法，更是成本计算与成本管理的有机结合。它认为，企业是一个为最终满足顾客需要而设计的"一系列作业"的有序集合体，也就是一个作业链。在这个作业链上，存在着"资源—作业—作业对象"的联结关系，即"作业耗用资源，产品耗用作业"。企业每完成一项作业活动，就有一定的资源被消耗，同时通过一定量的产出转移到下一作业，如此逐一进行，直至最终形成产品。因此，作业成本法基于资源耗用的因果关系进行成本分配；根据作业活动耗用资源的情况，将资源耗费分配给作业；再依据成本对象消耗作业的情况，把作业成本分配给成本对象。

在作业成本法下，对于直接费用的确认和分配与传统的成本计算方法一样，而间接费用的分配对象不再是产品，而是作业活动。作业分配时，首先根据作业中心的资源耗费情况，将资源耗费的成本(即间接费用)分配到作业中心去，然后再将分配到作业中心的成本，依据作业活动的数量分配到各产品上去。

作业成本法很好地克服了传统成本方法中间接费用责任划分不清的缺点，使以往一些不可控的间接费用变为可控，这样可以更好地发挥决策、计划和控制的作用，以促进作业管理和成本控制水平的不断提高。要正确理解作业成本计算法，需要明确以下几个概念。

一、资源

资源是企业生产耗费的原始形态，是成本产生的源泉。企业作业活动系统所涉及的人力、物力、财力都属于资源。一个企业的资源包括直接人工、直接材料、间接制造费用等。

二、作业

作业是指在一个组织内为了某一目的而进行的耗费资源动作，它是作业成本计算系统中最小的成本归集单元。作业贯穿产品生产经营的全过程，从产品设计、原料采购、生产加工，直至产品的发运销售。在这一过程中，每个环节、每道工序都可以视为一项作业。

作业按其层次分类，可以分为单位作业、批次作业、产品作业和支持作业。其中，单位作业是指使单位产品受益的作业，作业的成本与产品的数量成正比，如加工零件、对每件产品进行的检验等。批次作业是指使一批产品受益的作业，作业的成本与产品的批次数量成正比，如设备调试、生产准备等作业活动。产品作业是指使某种产品的每个单位都受益的作业，如产品工艺设计作业等。支持作业是指为维持企业正常生产，而使所有产品都受益的作业，作业的成本与产品数量无相关关系，如厂房维修、管理作业等。通常认为，单位作业、批次作业、产品作业以外的所有作业均是支持作业。

三、成本动因

成本动因也称成本驱动因素，是指导致成本发生的因素，即成本的诱因。成本动因通常以作业活动耗费的资源来进行度量，如质量检查次数、用电度数等。在作业成本法下，成本动因是成本分配的依据。成本动因又可以分为资源动因和作业动因。

资源动因是引起作业成本变动的驱动因素，反映作业量与耗费之间的因果关系。资源动因被用来计量各项作业对资源的耗用，根据资源动因可以将资源成本分配为各有关作业。按照作业成本计算法，作业量的多少决定着资源的耗用量，但资源耗用量的高低与最终的产品数量没有直接关系。

作业动因是引起产品成本变动的驱动因素，反映产品产量与作业成本之间的因果关系。作业动因计量各种产品对作业耗用的情况，并被用来作为作业成本的分配基础，是沟通资源消耗与最终产出的中介。例如：材料搬运作业的衡量标准是搬运的零件数量，生产调度作业的衡量标准是生产订单数量，加工作业的衡量标准是直接人工工时，自动化设备作业的衡量标准是机器作业小时数等。

四、作业中心

作业中心又称成本库，是指构成一个业务过程的相互联系的作业集合，用来汇集业务过程及其产出的成本。换言之，按照统一的作业动因，将各种资源耗费项目归结在一起，便形成了作业中心。作业中心有助于企业更明晰地分析一组相关的作业，以便进行作业管理以及企业组织机构和责任中心的设计与考核。

任务二 作业成本法与传统成本计算法的比较

一、作业成本法与传统成本计算法的区别

(一)成本核算对象不同

传统产品的成本核算对象是产品，作业成本的核算对象是作业。作业是企业使投入变成产出的一系列活动。

(二)成本计算程序不同

在传统成本核算制度下所有成本都分配到产品中去，成本计算程序如图 11-1 所示。

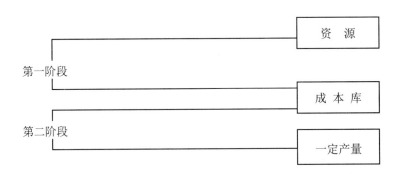

图 11-1　传统成本核算程序

与传统成本制度相比，作业成本制度要求首先要确认费用单位从事了什么作业，计算每种作业所发生的成本。然后，以这种产品对作业的需求为基础，将成本追踪为产品。作业成本采用的分配基础是作业的数量化，是成本动因。成本计算程序如图 11-2 所示。

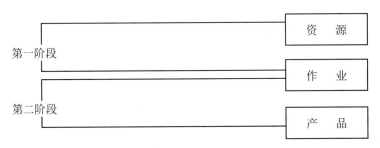

图 11-2　作业成本核算程序

(三)成本核算范围不同

在传统成本核算制度下，成本的核算范围是产品成本。在作业成本制度下，成本核算范围有所拓宽，建立了三维成本模式。第一维是产品成本，第二维是作业成本，第三维是动因成本。作业成本产出的这三维成本信息，不仅消除了传统成本核算制度扭曲的成本信息缺陷，而且信息本身能够使企业管理当局改变作业和经营过程。

(四)费用分配标准不同

在传统成本核算制度下，间接费用或间接成本的分配标准是机器或人工小时。在作业成本核算制度下，首先要确认费用单位从事了什么作业，计算每种作业所发生的成本。然后，以产品对作业的需求为基础，经过原材料、燃料和人力资源转换成产成品的过程，将成本追踪到产品，因而作业成本采用的分配基础是作业的数量化，是成本动因。

二、作业成本法与传统成本计算法的联系

(一)作业成本是责任成本与传统成本核算的结合点

责任成本按内部单位界定费用，处于相对静止状态，传统成本核算是按工艺过程进行

归属，处于一种动态。两项内容性质不同，很难结合，我国会计理论界进行了多年探讨，未能奏效。在作业成本制度下，作业成本的实质是一种责任成本，更严谨一点儿说，它是一种动态的责任成本，其原因是它与工艺过程和生产组织形式紧密结合。

(二)二者最终目的是计算最终产出成本——产品、劳务或顾客

在传统成本核算制度下，成本计算的目的是通过各种材料、费用的分配和再分配，最终计算出产品生产成本；在作业成本制度下，发生的间接费用或间接成本先在有关作业间进行分配，建立成本库，然后再按各产品耗用作业的数量，把作业成本计入产品成本。

任务三　作业成本计算法的成本计算

根据作业成本法"作业耗用资源，产品耗用作业"的基本指导思想，产品成本计算过程可以分为两个阶段：第一阶段，识别作业，根据作业消耗资源的方式，将作业执行中耗费的资源分派(追溯和间接分配)到作业，计算作业的成本。第二阶段，根据产品所消耗的成本动因，将第一阶段计算的作业成本分派(追溯和间接分配)到各有关成本对象。

作业成本法的具体步骤如下。

(一)设立资源库，并归集资源库价值

企业在生产产品或提供劳务过程中会消耗各种资源，如货币资金、原材料、人力、动力、厂房设备等。企业首先应为各类资源设置相应的资源库，并对一定期间内耗费的各种资源价值进行计量，将计量结果归入各资源库中。

(二)确认主要作业，并设立相应的作业中心

在进行作业确认时，理论上要求将有关费用划分得越细越好，但基于成本效益的考虑，一般按重要性和同质性的要求进行作业划分，纳入同一作业组。纳入同一个作业组的作业应具备两个条件：一是属于同一类作业；二是对于不同产品来说，有着大致相同的消耗比率。如"材料搬运"是一项作业，也可以作为一个作业中心，所有与材料搬运相关的费用都归属到"材料搬运"这一作业中心。

(三)确定资源动因，并将各资源库汇集的价值分派到各作业中心

资源动因是把资源库价值分派到各作业中心的依据。首先，企业应根据不同的资源，选择合适的资源动因。如电力资源可以选择"消耗的电力度数"作为资源动因。然后，根据各项作业所消耗的资源动因数，将各资源库的价值分配到各作业中心。例如："产品质量检验"作业消耗了 1000 度电，而每度电的成本为 0.55 元。那么"产品质量检验"作业中所含的"电力成本"为 550 元。当然，该项作业还会消耗其他资源，将该作业所消耗的所有资源的价值，按照相应的资源动因，分别分配到该作业中心，汇总后就会得到该作业的作业成本。如果某项作业所消耗的资源具有专属性，那么该作业所消耗的资源部分的价

值可直接计入该作业的作业中心。如"产品质量检验"作业中检验人员的工资、专用设备的折旧费等成本，一般可以直接归属于检验作业。

(四)选择作业动因，并确定各作业成本的成本动因分配率

影响企业成本的因素有很多，但并非所有这些因素都要被确定为成本动因。在每个环节中，成本动因的数量不能太多，也不能太少，必须要选定一个比较适当的成本动因数量，使这些成本动因能充分合理地成为间接资源成本的分配基础。一般来说，成本动因的选择由企业工程技术人员和成本会计师等组成的专门小组讨论确定。选择成本动因时，要确保作业消耗量与成本动因消耗量相关，综合权衡收益与成本，并考虑确认成本动因的行为后果。

当各作业中心已经建立，成本动因已经选定后，就可以将各作业成本除以成本动因单位数，计算出以成本动因为单位的分配率。作业成本分配率可以分为实际作业成本分配率和预算作业成本分配率两种形式。

1. 实际作业成本分配率

实际作业成本分配率是根据各作业中心实际发生的成本和作业的实际产出，计算得出的单位作业产出的实际成本。其计算公式为

实际作业成本分配率=当期实际发生的作业成本÷当期实际作业产出

实际作业成本分配率主要用于作业产出比较稳定的企业。其主要优点在于计算的成本是实际成本，无须分配实际成本与预算成本的差异。其主要缺点表现在三个方面：一是作业成本资料只能在会计期末才能取得，不能随时提供进行决策的有关成本信息；二是不同会计期间作业成本不同，作业需求量也不同，因此，计算出的成本分配率时高时低；三是容易忽视作业需求变动对成本的影响，不利于划清造成成本高低的责任归属。

2. 预算作业成本分配率

预算作业成本分配率根据预算年度预计的作业成本和预计作业产出计算，其计算公式为

预算作业成本分配率=预计作业成本÷预计作业产出

预算作业成本分配率可以克服实际作业成本分配率的缺点，能够随时提供决策所需的成本信息，可以避免因作业成本变动和作业需求不足引起的产品成本变动，并且有利于及时查清成本升高的原因。

(五)计算作业成本和产品成本

根据每种产品所耗用的成本动因单位数和该作业分配率，可以计算该产品应负担的作业成本和单位成本。

首先计算耗用的作业成本，计算公式为

某产品耗用的作业成本 $= \sum($该产品耗用的作业量×实际作业成本分配率$)$

然后计算当期发生成本，即产品成本。直接材料成本、直接人工成本和各项作业成本共同构成某产品当期发生的总成本，计算公式为

某产品当期发生成本=当期投入该产品的直接成本+当期该产品耗用的各项作业成本

其中：直接成本=直接材料成本+直接人工成本

【例11-1】 某企业生产甲、乙两种产品，有关资料如下。

(1) 甲、乙两种产品的基本资料如表11-1所示。

表11-1 甲、乙产品基本资料

产品名称	年产量/台	单位产品机器工时/小时	直接材料单位成本/元	直接人工单位成本/元
甲	10 000	10	50	20
乙	40 000	10	30	20

(2) 企业每年制造费用总额为2 000 000元。甲、乙两种产品的复杂程度不一样，所耗用的作业量也不一样。依据作业动因设置五个成本库。有关资料如表11-2所示。

表11-2 甲、乙产品作业成本资料

作业名称	成本动因	作业成本/元	作业动因数		
			甲产品	乙产品	合 计
机器调整	调整次数	600 000	3000	2000	5000
质量检验	检验次数	480 000	4000	4000	8000
生产订单	订单份数	120 000	200	400	600
机器维修	维修次数	600 000	400	600	1000
检料验收	验收次数	200 000	100	300	400
合计		2 000 000			

要求：分别用作业成本法与传统成本计算法计算甲、乙两种产品的单位成本。

首先，用作业成本法计算各项作业的成本动因分配率，计算结果如表11-3所示。

表11-3 作业成本动因分配率

作业名称	成本动因	作业成本/元	作业动因数			
			甲产品	乙产品	合 计	分配率
机器调整	调整次数	600 000	3000	2000	5000	120
质量检验	检验次数	480 000	4000	4000	8000	60
生产订单	订单份数	120 000	200	400	600	200
机器维修	维修次数	600 000	400	600	1000	600
检料验收	验收次数	200 000	100	300	400	500
合计		2 000 000				

其次，计算作业成本法下两种产品的制造费用，计算结果如表11-4所示。

表 11-4　按作业成本法计算的制造费用　　　　　　　　单位：元

作业名称	作业成本	作业动因数		分配率	分配的制造费用	
		甲产品	乙产品		甲产品	乙产品
机器调整	600 000	3000	2000	120	360 000	240 000
质量检验	480 000	4000	4000	60	240 000	240 000
生产订单	120 000	200	400	200	40 000	80 000
机器维修	600 000	400	600	600	240 000	360 000
检料验收	200 000	100	300	500	50 000	150 000
合计	2 000 000				930 000	1 070 000

再次，使用传统成本计算法分别计算甲、乙两种产品的制造费用。

甲、乙两种产品的机器工时分别为 100 000 小时(10 000×10)和 400 000 小时(40 000×10)，制造费用总额为 2 000 000 元。

制造费用分配率= 2 000 000÷(100 000+400 000)=4(元/小时)

甲产品制造费用=100 000×4=400 000(元)

乙产品制造费用=400 000×4=1 600 000(元)

最后，比较两种成本计算法下制造费用分配及产品成本的结果，如表 11-5 所示。

表 11-5　两种计算方法下产品成本的对照表　　　　　　　单位：元

项　目	甲产品(产量 10 000 台)				乙产品(产量 40 000 台)			
	总成本		单位成本		总成本		单位成本	
	作业	传统	作业	传统	作业	传统	作业	传统
直接材料	500 000	500 000	50	50	1 200 000	1 200 000	30	30
直接人工	200 000	200 000	20	20	800 000	800 000	20	20
制造费用	930 000	400 000	93	40	1 070 000	1 600 000	26.75	40
合计	1 630 000	1 100 000	163	110	3 070 000	3 600 000	76.75	90

从表 11-5 中可以看出，低产量、生产过程复杂的产品(如甲产品)在传统成本计算法下的单位成本显著低于作业成本法下的单位成本，而高产量、生产过程简单的产品(如乙产品)的单位成本恰恰相反。两种不同成本计算方式下成本差异的原因，表面上看是由于制造费用总额按直接人工工时分配与分成各部分按作业动因分配导致的，实质上反映了两种计算方式所提供的成本信息的不同质量。在作业成本法下，由于将制造费用按作业动因分为几个不同部分，每部分按不同的分配标准分配，与传统的按单一分配标准进行分配的方式比较，其准确性更高，科学性更强。生产量大而技术复杂程度低的产品，在传统成本计算方式下，由于其消耗的人工工时比重大，分摊的制造费用数额较大，而在作业成本计算方式下，这类产品由于技术复杂程度低，其消耗的作业动因量相对较少，分摊的制造费用会相对降低。生产量小而技术复杂程度高的产品则刚好与上述情形相反。简言之，传统的成本

计算方式低估了生产量小而技术复杂程度高的产品的成本,高估了生产量大而技术复杂程度低的产品成本。

项 目 小 结

本项目主要介绍了作业成本法。作业成本法认为,企业是一个为最终满足顾客需要而设计的"一系列作业"的有序集合体,也就是一个作业链。在这个作业链上,存在着"资源—作业—作业对象"的联结关系,即"作业耗用资源,产品耗用作业"。为正确理解作业成本法,解释了资源、作业、成本动因、作业中心等几个作业成本法的相关概念,并对作业成本法与传统成本计算法进行了比较。最后,详细介绍了作业成本计算法的具体步骤。

练 习 题

一、选择题

(1) 使某种产品的每个单位都受益的作业是(　　)。

    A. 单位作业　　　B. 批次作业　　　　C. 产品作业　　D. 支持作业

(2) 下列关于成本动因(又称成本驱动因素)的表述中,不正确的是(　　)。

    A. 成本动因可作为作业成本法中成本分配的依据

    B. 成本动因可按作业活动耗费的资源进行度量

    C. 成本动因可分为资源动因和生产动因

    D. 成本动因可以导致成本的发生

(3) 下列成本项目中,与传统成本法相比,运用作业成本法核算更有优势的是(　　)。

    A. 直接材料成本　　　　　　　　B. 直接人工成本

    C. 间接制造费用　　　　　　　　D. 特定产品专用生产线折旧费

(4) 下列各项关于作业成本法的表述中,正确的是(　　)。

    A. 它是一种财务预算的方法　　　B. 它以作业为基础计算成本

    C. 它是一种成本计算的方法　　　D. 它是一种准确无误的成本计算方法

(5) 下列表述正确的有(　　)。

    A. 对于直接费用的确认和分配,作业成本法与传统的成本计算方法一样,但对于间接费用的分配,则与传统的成本计算方法不同

    B. 在作业成本法下,将直接费用视为产品本身的成本,而将间接费用视为产品消耗作业而付出的代价

    C. 在作业成本法下,间接费用分配的对象不再是产品,而是作业

    D. 作业成本法下,对于不同的作业中心,间接费用的分配标准不同

二、判断题

(1) 作业成本法的基本指导思想是"作业耗用资源，产品耗用作业"。 （   ）

(2) 成本动因可以分为资源动因和作业动因。 （   ）

(3) 作业成本法与传统成本计算法的主要区别是间接费用的分配方法不同。 （   ）

(4) 在作业成本法下，对于直接费用的确认和分配与传统的成本计算方法一样，而间接费用的分配与传统的成本计算方法不一样。 （   ）

(5) 传统的成本计算方式高估了生产量小而技术复杂程度高的产品的成本，低估了生产量大而技术复杂程度低的产品成本。 （   ）

三、综合实训题

实训一

(一) 实训目的：练习作业成本法。

(二) 实训资料：

某公司成功地生产和销售两种打印机，假设该公司两种产品的财务和成本数据如表 11-6 所示。

表 11-6 两种产品的财务和成本数据表

项 目	豪华型	普通型
产量/台	5000	15 000
单价/元	4000	2000
单位直接材料和人工成本/元	2000	800
直接人工/小时	25 000	75 000

公司管理会计师划分了下列作业、间接成本集合及成本动因，如表 11-7 所示。

表 11-7

作 业	制造费用集合/万元	成本动因
调整	300	调整次数
机器运行	1625	机器工时
包装	75	包装单数量
合计	2000	

两种产品的实际作业量如表 11-8 所示。

表 11-8　两种产品的实际作业量

作业动因	豪华型作业消耗	普通型作业消耗	合　计
调整次数/次	200	100	300
机器工时/小时	55 000	107 500	162 500
包装单数量/个	5000	10 000	15 000

(三) 实训要求:

(1) 采用传统成本计算法,以直接人工工时为分配标准,确定两种产品的单位产品成本及单位产品利润。

(2) 采用作业成本法,确定两种产品的单位产品成本及单位产品利润。

参 考 文 献

[1] 刘爱荣. 新编成本会计[M]. 大连：大连理工出版社，2012.

[2] 李桂梅. 成本会计[M]. 北京：北京大学出版社，2011.

[3] 刘志娟. 成本会计[M]. 北京：机械工业出版社，2008.

[4] 徐晓敏. 成本会计[M]. 北京：人民邮电出版社，2014.

[5] 郝德鸿. 成本会计实务[M]. 北京：北京邮电大学出版社，2012.

[6] 张俊清. 成本会计实务[M]. 北京：中国劳动社会保障出版社，2010.

[7] 张伟，代勤. 成本会计[M]. 湖南：湖南师范大学出版社，2013.

[8] 张桂春. 成本会计实务[M]. 北京：人民邮电出版社，2013.

[9] 财政部会计资格评价中心. 初级会计实务[M]. 北京：中国财政经济出版社，2017.

[10] 张桂春. 成本核算实务[M]. 北京：高等教育出版社，2014.

[11] 李桂梅. 成本会计[M]. 北京：北京大学出版社，2011.

[12] 江希和，向有才. 成本会计教程[M]. 第 5 版. 北京：高等教育出版社，2014.

[13] 江希和，向有才. 成本会计案例与实训[M]. 第 5 版. 北京：高等教育出版社，2014.